U0827675

股权众筹

"互联网+"时代速融新模式

陈云◎著

GUQUAN ZHONGCHOU

企业管理出版社
ENTERPRISE MANAGEMENT PUBLISHING HOUSE

图书在版编目（CIP）数据

股权众筹："互联网+"时代速融新模式 / 陈云著
. -- 北京：企业管理出版社，2017.5
ISBN 978-7-5164-1407-1

Ⅰ. ①股… Ⅱ. ①陈… Ⅲ. ①企业融资—研究 Ⅳ.
①F275.1

中国版本图书馆CIP数据核字（2016）第284434号

书　　名：股权众筹："互联网+"时代速融新模式
作　　者：陈　云
选题策划：周灵均
责任编辑：周灵均
书　　号：ISBN 978-7-5164-1407-1
出版发行：企业管理出版社
地　　址：北京市海淀区紫竹院南路17号　　邮编：100048
网　　址：http://www.emph.cn
电　　话：总编室（010）68701719　　发行部（010）68701073
编辑部（010）68456991
电子信箱：emph003@sina.cn
印　　刷：香河闻泰印刷包装有限公司
经　　销：新华书店
规　　格：170毫米×240毫米　16开本　10.25印张　132千字
版　　次：2017年5月第1版　2017年5月第1次印刷
定　　价：36.00元

导言

股权众筹是时代发展的必然选择

互联网金融是现代金融发展的大趋势、大方向；而股权众筹则是互联网金融发展的最新阶段，是融资业务的前端延伸，是多层次资本市场的有机构成部分，是解决中小微企业融资难的有效途径，是推动“大众创业、万众创新”、为经济转型注入活力、实现中华民族伟大复兴的中国梦的重要杠杆，也是我国真正进入股权时代的重要标志。股权众筹依托行业发展的需求，为创业者提供愈加完善的支持与帮助；依托互联网的属性，为“草根”创业者提供低门槛的融资渠道；依托大众投资，让更多的高净值人士成为价值投资者，成为创业团队的一员。

股权众筹是“互联网+”时代的速融新模式。从投融资领域的发展情况来看，以前创业者的创业只有线下，创业过程就是资源聚合的过程，现在出现了互联网化的众筹平台，每一个有效的众筹平台就是资源的平台，创业资源聚合从传统线下的形式走向了线上。很多专业的投资机构，过去先募资，后投资，然后管理，再后退出，而在股权众筹平台，这些过程都被互联网化，都被更新并升级了。从股权众筹融资方式来看，股权众筹一般采用“专业投资人+财务投资人跟投”的模式，既实现了专业化投资与管理，又能够让大众人士以低门槛加入天使投资阵营。股权众筹不仅能促进小额异地股权投资、在职一族小额股权投资，还能帮助创业企业在筹集资金的同时，筹集到人脉、渠道和支持资源。

由于股权众筹具有周期长、流动性差、风险度高的特征，其投资理念、风险控制与其他形式的金融产品有本质上的区别，因而人们对它还比较陌生，不好把握。为了帮助大家顺利实现融资，制胜资本经济时代，本书从股权众筹的基本情况入手，在实际操作层面逐步展开，实证分析股权众筹的三大运营模式，对相关的法律法规进行梳理和解读，提供详尽的实务操作方法，指出股权众筹需要避开的陷阱，给出股权众筹创新思路和方法，并解析经典案例的经验和教训。既有理论阐述，又有实际操作方法，是股权众筹研究者、参与者、实施者的必备读物。

编者

2017年5月

目录

股权众筹是当下新兴起的一种投融资模式。事实上，无论是对于投资人和创业者还是对于股权众筹平台来说，要想成功实施股权众筹，还有许多需要了解的知识。鉴于此，本章从股权众筹的定义及其分类入手，介绍股权众筹的四个参与主体，简述国内外股权众筹发展概况，以便后续内容从股权众筹的实际操作层面逐步展开。

第二章　各领风骚：三大运营模式，你选择哪一种 / 013

国内股权众筹的发展，从2011年最早成立的天使汇至今，其间产生了大量的众筹平台，如大家投、好投网、原始会、人人投、我爱创等，股权众筹也受到了越来越多的关注。当下，根据我国特定的法律、法规和政策，股权众筹的运营模式可分为凭证式众筹、会籍式众筹和天使式众筹三大类。

第三章　风险防范：详解法律，规范操作 / 023

股权众筹的法律风险主要体现在两个方面：一是运营的合法性问题，这中间可能涉及最多的就是非法吸收公众存款和非法发行证券；二是出资人的利益保护问题。对通过股权众筹进行创业和投资的参与者来说，关键是熟悉相关法律法规，不要触碰法律底线，以规避法律风险，做到安全操作。

股权众筹被越来越多的机构和个人认可，但如何操作尚需指导。因此，本章从股权众筹产品设计、股权众筹投资标准流程、股权众筹框架、股权众筹平台收费模式、股权众筹平台对项目的尽职调查、设立契约型私募股权投资基金的相关规定、股权众筹与新三板结合的三种方式几个方面予以解读，以便熟悉操作方法，顺利实现融资投资。

股权众筹面临的法律问题，现在更主要地转向了操作层面，即股权众筹如何操作，如何平衡众筹股东和众筹公司的利益。由于这一层面未

2015年是股权众筹行业发展的“规范”之年，不仅表现在股权众筹平台数量激增，更表现在股权众筹项目质量的提高，特别是受“大众创业、万众创新”政策利好的影响，2015年股权众筹出现了很多优秀项目，屡屡刷新单个项目股权众筹融资速度。同时，在波澜不惊之中，也出现了国内股权众筹第一个退出案例，成为2015年股权众筹行业的一个关注点。

第一章

股权众筹：基于互联网渠道，实施投融资模式

股权众筹是当下新兴起的一种投融资模式。事实上，无论是对于投资人和创业者还是对于股权众筹平台来说，要想成功实施股权众筹，还有许多需要了解的知识。鉴于此，本章从股权众筹的定义及其分类入手，介绍股权众筹的四个参与主体，简述国内外股权众筹发展概况，以便后续内容从股权众筹的实际操作层面逐步展开。

股权众筹

——“互联网+”时代速融新模式

股权众筹的定义及其分类

众筹是一种灵活有效的融资方式，通过互联网向多维度的群体筹集资金、资源、智慧等。股权众筹是众筹的形式之一。了解股权众筹的准确定义及其分类，是开展股权众筹必需的基础性知识准备。

1. 股权众筹的定义

按照百度百科的定义，股权众筹是指公司出让一定比例的股份，面向普通投资者，投资者通过出资入股公司，获得未来收益。这种基于互联网渠道而进行融资的模式被称作股权众筹。

通过这个定义我们可以看到，全民股东的时代来了。互联网的本质就是消除信息的不对称，于是创业公司需要资金，无数网民需要投资渠道，创业公司把股权放到网上给网民投资，可谓两全其美。以前无法在网上进行股权众筹的时候，创业公司只能去找天使投资人，选择面相对比较窄，现在信息共享后，所有网民都有可能成为天使投资人。

客观地说，股权众筹与投资者在新股IPO（即首次公开募股，英文Initial Public Offerings，简称IPO）时申购股票本质上并无太大区别，但在互联网金融领域，股权众筹主要指向较早期的私募股权投资，是天使和VC（即风险投资，英文Venture Capital，简称VC）的有力补充。

2. 股权众筹的分类

按照不同的标准，可对股权众筹具体做如下分类。如表1–1所示。

表 1-1 股权众筹分类

类型	含义
私募股权众筹和公募股权众筹	这是按对众筹行为的性质来划分的。前者指把众筹行为仍界定为私募行为的股权众筹，可以说我国目前股权众筹平台都是私募性质；与之相反，像美国、英国等股权众筹发展较快国家，都是将众筹行为界定为公募性质，众筹平台可向公众进行募集
有担保的股权众筹和无担保的股权众筹	这是按有无担保进行划分的。前者主要是指在股权众筹业务中加入了担保元素，典型的如贷帮网，其规定由推荐项目并对项目进行担保的众筹投资人或机构作为保荐人，当众筹的项目一年之内失败，保荐人赔付全额投资款，保荐人即为担保人；后者是指不含担保元素的股权众筹，我国目前绝大多数股权众筹平台都是后者
线上股权众筹和线下股权众筹	这是按股权众筹业务开展的渠道进行划分的。前者主要是指融资人、投资人以及股权众筹平台之间所有的信息展示、交易往来都是通过互联网来完成的，当下许多股权众筹平台大多数流程都是通过在线完成；后者又称圈子众筹，主要是指在线下基于同学、朋友等熟人圈子而开展的一些小型众筹活动
种子类平台、天使类平台和成长类平台	这是按融资项目所处阶段来划分的。最早由中国人民银行金融研究所前所长姚余栋提出，他主张按融资项目所处的种子、天使和成长三类不同阶段，进而设置不同的股权众筹平台，最终实现股权众筹平台的“递进式”发展
综合型股权众筹平台和垂直型股权众筹平台	这是按众筹平台的经营范围所进行的划分。综合型股权众筹平台，其经营范围较广，很少涉及具体行业的划分，目前我国发展较大的股权众筹平台基本上都是综合性平台；垂直型股权众筹平台，其经营范围则有了明确的行业划分，如投资公司三江资本发起设立的股权众筹平台“联投汇”，即是国内首家专注于医疗和生物健康的股权众筹平台

股权众筹的类型虽然非常多，但其总的关键点在于，它是根据《中华人民共和国公司法》（以下简称《公司法》）中关于股东股权所有权的特点去设计的一个模式。

股权众筹的四个参与主体

股权众筹运营当中，主要参与主体包括发起人、投资人和众筹平台三个主要组成部分。另外，部分平台还专门指定有托管人。

1. 发起人

发起人又称筹资人，通常是指融资过程中需要资金的创业企业或项目，它们通过众筹平台发布企业或项目融资信息以及可出让的股权比例。

发起人在股权众筹中占关键地位，而一个好的项目恰恰需要给力的发起人。项目是具有明确目标的、可以完成的且具有具体完成时间的非公益活动，如制作专辑、出版图书或生产某种电子产品。项目不以股权、债券、分红、利息等资金形式作为回报。发起人在项目前期需要做好市场调研、项目资料准备、项目预算、推广运营、众筹回报的监督和管理等多方面的工作。

有几个爱猫的姑娘，由于她们无法包养所有的猫，所以想到了一个好方法，结识广大爱猫好人士，分享彼此的爱猫美图，还编写了一本爱猫杂志，致力于提高中国宠物猫的生活水平，说服更多人加入爱猫行列。2014年，她们组成众筹项目发起人团队，到一个众筹平台为可爱的猫咪开展众筹活动。这个发起人团队通过线上宣传以及线下各类活动预热，使得一大批爱猫人士来到平台支持项目，最后以超募114%的结果成功结束众筹。在落地的活动中更是体现了强大的执行力，活动丰富多样，组织井井有条。对于爱猫人士和公益爱好者来说，用众筹的方式做公益，是一件很有意义的事情。

项目发起人必须具备一定的条件，如国籍、年龄、银行账户、资质和学历等，拥有对项目100%的自主权，不受控制，完全自主。项目发起人通常是需要解决资金问题的创意者或小微企业的创业者，在实现筹资目标的同时，也可强化众筹模式的市场调研、产品预售和宣传推广等延伸功能。

2. 投资人

投资人也称出资人，他往往是数量庞大的互联网用户，他们利用在线支付等方式对自己觉得有投资价值的创业企业或项目进行小额投资。待筹资成功后，出资人获得创业企业或项目一定比例的股权。

电影《大圣归来》自2015年7月10日上映，12天内狂揽5亿多元票房。这个数据指的是参与《大圣归来》众筹项目投资的89位投资人，这些投资人合计投入780万元，兑付时预计可以获得本息约3000万元。在《大圣归来》片尾，参与众筹的投资人均以“众筹出品人”的身份署名在后。

股权众筹作为一个新兴的互联网金融模式，对投资人有以下三点要求。如表1–2所示。

表 1–2 股权众筹对投资人的要求

要求	内容
风险承受能力	股权众筹作为一种有风险的投资，对于普通的投资人来说，必须要充分地知悉股权众筹项目的风险，如项目风险、众筹平台风险、自身承受能力等，并有承担风险的能力。如果不能正视股权众筹行业的风险，也没有一个好的投资心理，那最好不要涉入这一行业

续表

要求	内容
项目把控能力	股权众筹行业的项目都是有风险的，尤其是创业型的项目。对于这种项目，出资人可以进行实地考察，或者对相关行业进行调查，分析项目原有的收益状况及盈利优势，能够找准时机，投资优质赚钱的项目才是王道
学习能力	出资人需要熟知股权众筹行业的相关法律法规，投资项目在运营过程中，可以为企业的发展提供相关知识。最重要的是，在投资人股权众筹项目中，出现项目方违反相关规定的情况下，可以依法来维护自身的权益和利益

区分股权众筹与其他形式众筹的核心问题是，看筹资人向出资人提供的回报是否主要是股权形式，即便不是百分之百以股权形式体现，但至少绝大多数回报形式应该体现在股权回报上。

3. 众筹平台

众筹平台是指连接筹资人和出资人的媒介，其主要职责是利用网络技术支持，根据相关法律法规，将项目发起人的创意和融资需求信息发布在虚拟空间里，供投资人选择，并在筹资成功后负有一定的监督义务。

在国内股权众筹平台发展势头迅猛的当下，北方的天使汇和南方的大家投各有千秋，代表了当前众筹平台的水平，体现出强大的生命力。

天使汇，在业内号称互联网金融的精英聚集地，成立于2011年11月，目前投资人来自知名投资机构的占70%，合伙人及独立投资人占80%。平台选择的大部分是高科技项目，覆盖从种子期到上市前期的所有企业和各个阶段的融资，允许更灵活的投资方式，拥有丰富的投前、投中、投后管理工具，可提供更加完善的增值服务体系。基本投资模式主推“快速合投”功能，与“领投+跟投”模式并无本质不同。

大家投，定位于中国“草根”众筹平台，一般要求融资项目具备高新技术、创新商业模式、市场高成长性特征，同时尚未引入A轮VC投资，融资金额在20万元～1000万元，投资人单次跟投额度可以最低为项目融资额的2.5%。如果投资人认购额度达到融资企业要求，那么多位投资人会在线下专门成立一家有限合伙企业，由领投人担任普通合伙人，负责具体项目投资及融后管理。

4. 托管人

托管人的意思是说，为保证各出资人的资金安全，以及出资人资金切实用于创业企业或项目，并在筹资不成功时及时返回，众筹平台一般都会指定专门银行担任托管人，履行资金托管职责。

大家投联合全国性股份制商业银行兴业银行推出了投付宝，即投资人先把款打到托管账户，然后再统一办理工商手续并把款项划拨到创业者账户。如果投资者约定根据企业的产品开发进度分几次注资，也可以通过投付宝第三方托管的方式实现。这样最大限度地保护了投资人利益，也解决了创业者担心的问题。

事实说明，对于创业者来讲，有了投资款托管后，投资人在认投项目时就需要将投资款转入托管账户，认投方可有效，这样就有效避免了以前投资人轻易反悔的情况，会大大提升创业者融资效率；由于投资人存放在托管账户中的资金是分批次转入被投企业，这样就大大降低了投资人的投资风险，投资人参与投资的积极性会大幅度提高，这样也会大幅度提高创业者的融资效率。

值得一提的是，在股权众筹中，商业银行可以作为托管人参与其中。商业银行在第三方托管方面具有天然的优势，是托管实力最强的金融机构。第一，商业银行在国内居民中具有很高的信誉，商业银行推介的项目具有更高的可信度。第二，商业银行网络广泛，能够发掘众多的投资项目。第三，商业银行具有广泛的客户基础，可以参与众筹投资。这相当于替代投资银行的功能。

国内外股权众筹发展概况

股权众筹是近年来世界上出现的一种新型投融资方式。了解股权众筹的历史尤其是在我国的发展，对于我们理解股权众筹以及实施时如何把握股权众筹显然是必要的。

1. 国外股权众筹发展概况

股权众筹这一模式最先在美国出现，世界上第一个股权众筹平台AngelList于2010年诞生于美国硅谷，其最初的产品形态是为投资人提供了一个社交网络。其中最重要的一项服务是，当投资人加入AngelList平台之后，AngelList会每周（或投资人自定义的其他频率）向投资人发送一份项目推荐列表。用户可以在AngelList上建立个人档案，并在创业者、顾问、投资人等角色中选择。创业者可以为自己的公司建立档案，在AngelList上需要明晰公司的经营理念、团队组成、商业模型以及寻求的投资类型，并且大部分公司都会附上一份他们提供给投资人的详细提案。对于投资人来说，在其档案里列出过往的投资历史也会为他们加分。AngelList的这项服务的目的是，帮助投资人从每天海量的新增创业企业中寻找到符合他们投资偏好的那些企业，并能够迅速地形成投资决策。

在当时，AngelList一边建立与投资人之间的关系，一边大量积累项目库。到2011年，AngelList的项目量提升到一个新的高度：平台上收录500家创业企业信息并有2500个天使投资人。越来越多的投资人直接使用

AngelList的项目库进行检索，而不是等待AngelList的定期邮件。在这之后的一段时间里，AngelList试图成为交易当中的一环，为了促成交易，AngelList为创业公司提供了相关的法律文件，包括标准投资条款、自动生成的交易文件，以及管理交易过程所需的电子签名、汇款信息、PDF文档等。到2013年年中，AngelList新推出一项名为Syndicates的功能，让单个天使投资人可以像VC找LP募集基金一样，找其他个人投资者筹钱，还能获得总投资收益的20%，这笔钱在VC那边通常被叫做Carry，是它把投资者和管理者的利益绑到了一起。到2013年年底，AngelList平台宣布单月为创业企业完成1200万美元融资。到2014年9月，AngelList已经收录创业企业30多万个，通过平台融资项目接近6000个。

AngelList的成功让全世界各个国家的投资者蠢蠢欲动，迅速涌现出了针对不同市场的股权众筹平台，比如海外知名的股权众筹平台还有Wefunder、OurCrowd、Rock The Post，由于在不同的地区有不同的法律政策，因此这些股权众筹平台也都采用不同的形式来构成自己的业务流程和产品形态。但在总体的初衷和最终的目的上都与AngelList相近，即通过网络工具高效准确地进行资金与项目的匹配，迅速促成融资。由此，股权众筹这一模式便迅速传入欧洲、亚洲等世界各地。

2. 国内股权众筹发展现状

2013年我国正式诞生第一例股权众筹案例；2014年国家从政策层面要求建立资本市场小额再融资快速机制，并首次提出“开展股权众筹融资试点”；2015年写入政府文件。因此，2015年被称为“股权众筹元年”。

2015年3月，国务院的《关于发展众创空间推进大众创新创业的指导意见》提到“开展互联网股权众筹融资试点，增强众筹对大众创新创业的服务能力”，可谓吹响了股权众筹春天的号角。随后，连续出台几大政策，从“大力推进”到“行动指导”，再到“健康发展”，最后落于“规范开展”。几大政策，几个力度与方向，为“股权众筹元年”做出强有力的注脚。政策的最后导向，是自由发展、宽松监管的维度。

地方对股权众筹也出台了许多政策，紧扣“双创”（即大众创业、万众创新）、“双众”（众包和众筹），重点颁发专项扶持资金，全方位布局释放经济内生动力。其中广东省2015年7月出台的《广东省开展互联网股权众筹试点工作方案》，直接针对股权众筹提出发展要求，导向最为清晰。该方案计划2015年年底全省互联网股权众筹平台达50家，挂网创业创新项目5000个，成功筹资的创业创新项目400个，完成众筹融资额5亿元。从行业年底数据来看，该目标已经顺利实现。

由于国内股权众筹的外延与内涵定义不够明确，各家众筹平台对自身的业务描述和定位也各有不同。在此情况下，证监会于2015年8月17日发布的《中国证监会致函各地方政府：规范通过互联网开展股权融资活动》激起了一场特有的政策性“更名奇观”。这一奇观背后的深层逻辑是，各平台方既想符合政策的表述要求，又想抢占“股权众筹”网络关键词带来的最大关注价值。透露出大多数平台还是希望政策能提供合法合规经营的空间，获得健康发展的机会。

当然，2015年股权众筹发展也有一部分负面因素。因为互联网和金融科技结合的复杂性，股权众筹概念的模糊性，导致了各类的伪众筹泛滥。在机场等地流传的所谓传授众筹知识的书籍实际上大部分都是营销、成功学的内容，完全凭借互联网凑份子的咖啡馆等所谓创新业态也穿上了众筹的外衣，甚至有部分所谓的“众筹”已经涉及传销等严重刑事犯罪。

股权众筹是互联网金融的核心和未来，也具有重要的普惠金融意义，对中国经济的发展改革和人民福祉的提升具有重大意义，一定不能允许伪众筹误导民众，损害民众权益，抹黑股权众筹，影响行业发展，危害市场稳定。2016年，政府监管部门出手整顿市场，打击伪众筹、非法集资，防止劣币驱逐良币，为有利民生的真正众筹的成长保驾护航。

股权众筹在国内作为一个新生事物，站在了“大众创业、万众创新”的风口上，用互联网技术、众筹理念、大数据等新增长点为全民投资打开一个窗口。随着行业的发展和政策“靴子”的落地，股权众筹将会从生活服务、文化传媒、智能硬件和企业服务四大领域向外辐射，覆盖其他行业和领域，为互联网金融、创业领域乃至产业升级和发展做出重大贡献。股权众筹刚刚开始，道路固然是曲折的，但事实证明，未来一片光明。

第二章

各领风骚：三大运营模式，你选择哪一种

国内股权众筹的发展，从2011年最早成立的天使汇至今，其间产生了大量的众筹平台，如大家投、好投网、原始会、人人投、我爱创等，股权众筹也受到了越来越多的关注。当下，根据我国特定的法律、法规和政策，股权众筹的运营模式可分为凭证式众筹、会籍式众筹和天使式众筹三大类。

股权众筹

——“互联网+”时代速融新模式

股权众筹模式之一：凭证式众筹

凭证式众筹主要是指在互联网通过卖凭证和股权捆绑的形式来进行募资，出资人付出资金取得相关凭证，该凭证又直接与创业企业或项目的股权挂钩，但投资者不成为股东。专家指出，虽然投资人获得股权的凭证，但不是股东。国内首个凭证式众筹案例是美微创投。

[案例] 美微创投

2012年10月5日，淘宝出现了一家店铺，名为“美微会员卡在线直营店”。淘宝店店主是美微传媒的创始人朱江，原来在多家互联网公司担任高级管理者。消费者可通过在淘宝店拍下相应金额会员卡，但这不是简单的会员卡，购买者除了能够享有“订阅电子杂志”的权益，还可以拥有美微传媒的原始股份100股。从2012年10月5日到2013年2月3日中午12时，美微传媒进行了两轮募集，一共有1191名会员参与了认购，总股数为68万股，总金额为81.6万元。至此，美微传媒两次一共募集资金120.37万元。

美微传媒的众募式试水在网络上引起了巨大的争议，很多人认为有非法集资嫌疑。果然，还未等交易全部完成，证监会宣布该融资行为不合规，美微的淘宝店铺就于2013年2月5日被淘宝官方关闭。按照《中华人民共和国证券法》（以下简称《证券法》），向不特定对象发行证券，或者向特定对象发行证券累计超过200人的，都属于公开发行，都需要经过证券监管部门的核准才可。证监会要求朱江在退还部分款项的同时，提出了三点要求：一是不准再这样做，二是保护好现有股东的权益，三是定期汇报经营状况。美微传媒不得不像所有购买凭证的投资者全额退款。2013年3月，朱江表示已经开始有序地通过淘宝等渠道退回公开募集所得款项。

在淘宝上通过卖凭证和股权捆绑的形式来进行募资，可以说是美微创投的一个尝试，虽然说因为有非法集资的嫌疑最后被证监会叫停，但依旧不乏可以借鉴的闪光点。主要闪光点是门槛低，即使几百元也可购买。但主要问题在于，此种方式不加控制易逾越政策的限制。建议在现有政策下，以相对小范围的方式合规地筹集资金。比如股东不超过200人，比如从淘宝这样的公开平台转移到相对更小的圈子。如果希望筹措到足够的资金，可设立最低门槛，并提供符合最低门槛的相应服务和产品以吸引投资者。该模式比较适合大众式的文化、传媒、创意服务或产品。

股权众筹模式之二：会籍式众筹

会籍式众筹主要是指在互联网上通过熟人介绍，出资人付出资金，直接成为投资企业的股东。会籍式的众筹适合同一个圈子的人共同出资做一件大家想做的事情。通过众筹方式吸引圈子中有资源和人脉的人投资，不仅是筹措资金，更重要的是锁定一批忠实客户；而投资人也完全可以在不需经营的前提下拥有自己的会所、餐厅、美容院等，不仅可以赚钱，还可以在自己朋友面前拥有更高的威望。国内最著名的会籍式众筹例子当属3W咖啡。

［案例］3W咖啡

2012年，3W咖啡通过微博招募原始股东，每个人10股，每股6000元，相当于一个人6万元。6万元对于很多人来说并不是困难，花点“小钱”成为一个咖啡馆的股东，可以结交更多朋友，进行业务交流。很快3W咖啡汇集了一大批知名投资人、创业者、企业高级管理者，如沈南鹏、徐小平等数百位知名人士，股东阵容堪称华丽。3W咖啡引爆中国众筹式创业咖啡在2012年的流行。没过多久，几乎每个城市都出现了众筹式的3W咖啡。3W很快以创业咖啡为契机，将品牌衍生到创业孵化器等领域。

3W的游戏规则很简单，不是所有人都可以成为3W的股东，也就是说不是你有6万元就可以参与投资的，股东必须符合一定的条件。3W强调的是互联网创业和投资圈的顶级圈子，而没有人是为了6万元未来可以带来的分红来投资的，3W给股东的价值回报在于圈子和人力资源价值。试想如果投资人在3W中找到了一个好项目，带来的不止是6万元的回报。同样，创业者花6万元就可以认识大批同样优秀的创业者和投资人，既有人力资源价值，也有学习价值。很多顶级企业家和投资人的智慧不是6万元可以买到的。

应该说，3W咖啡是我国股权众筹软着陆的成功典范，具有普遍的借鉴意义。探究3W众筹模式成功要素，这种模式要在我国扎根并顺利成长还需要解决以下几个基本问题。

第一，形成众筹的参与者标准。如果没有门槛、没有要求，众筹最后很可能因吸纳了不符合群体主流价值认同的“乌合之众”，而把生意或活动搅得乌烟瘴气。众筹模式并不是参与者越多越好，而是合适的参与者越多越好。正是因为有了标准，才会形成过滤效应，产生稀缺价值，才会有更多志趣相投的人加入进来。

第二，融入强链接或强化弱链接。很多众筹都是基于互联网开展的，而互联网目前欠缺信任基础。为了解决信任难题，保障众筹的推进，应该引入强链接，通过引入信任关系来提升众筹参与群体的信任基础。就如同“海底捞”的员工高度认同企业文化，不会犯一些基本的或低级的错误一样，尽管他们大多数人来自欠发达的农村地区，也缺乏相应的教育，但是他们多是老乡、家庭成员或亲属关系，这无形中就形成了一个紧密连结的圈子，让你置身于一个道德环境，很少有人会做逾矩之事。当然，导入强链接需要召集人有一定的人际影响力，或者项目本身具备人际引爆力。如果不具备这样的条件，就要建立相应的机制，强化弱链接，即建立信任体制。此时，你的承诺，让参与者看得见、摸得着的法则，有没有信任背书，这些都有助于强化欠缺信任基础的弱链接。

第三，建立价值保障体系。众筹模式在于发动公众的力量，涓涓细流汇聚成海，众人拾柴火焰高。但要吸引众人的参与并乐意把钱委托给招募者，发起人一定要建立起价值保障体系。这种价值保障并不一定是金钱，也可以是独特的价值服务、尊享的荣誉、特别的体验机会等非物质增值激励。这些价值承诺必须以文字的形式确定下来，并要坚守承诺。如果你的承诺建立在你以往的信誉基础或机制上，这种承诺本身就有号召力。如果缺乏相应的信任基础，你还要“约法三章”，为你的价值承诺保驾护航。

依托标准、建立信任、提供保障，众筹模式才算是埋下了生存的种子，然后植根于中国众筹这块土壤，规范运营，才能进一步发展壮大。

股权众筹模式之三：天使式众筹

天使式众筹是一种接近天使投资或者VC模式的一种众筹模式，投资人需要通过互联网平台去寻找投资企业或者是众筹的项目，进而投入资金，成为公司股东，同时出资人往往伴有明确的财务回报要求。确切地说，天使式众筹应该是股权众筹模式的典型代表，它与现实生活中的天使投资、VC模式除了募资环节通过互联网完成外，基本上没有区别。互联网给诸多潜在的出资人提供了投资机会，再加上对出资人几乎不设门槛，所以这种模式又有“全民天使”之称。国内股权众筹网站也大部分都是这种形式。

国内有一个特别有味道的普通人帮助普通人的创业故事，这就是大家投自众筹。

[案例] 大家投自众筹

大家投创始人李群林之前是做技术和产品的，2012年决定创业，可资金不足，想找投资却不认识天使投资人。环顾一圈，在我国新掀起的创业热潮下，像他这样没有渠道推广自己的想法，苦于找投资人的创业者比比皆是；而同时我国的天使投资人还太少，远不能满足创业者的需求。当时我国最早的众筹网站“点名时间”已经推出一年多，开始李群林也想去碰碰运气，看能不能帮自己筹到项目资金。但他发现，点名时间采用的是预购的方式，就像当时法律所规定的，众筹网站给支持者的回报不能涉及现金、股票等金融产品，也就是对支持者来说，参与众筹是一项购买行为。李群林觉得这种形式对自己来说有些不实际，自己做互联网项目，推出的大多是虚拟产品和服务，而且鉴于中国互联网的免费特征，很难事先跟支持者约定回报的方式。不仅对自己不适用，而且这种认购方式对投资者的吸引力也有限。投资者的动力不足，仅为了帮助别人实现理想就拿出钱财支持这也不太适合国人的务实精神，至少难以扩散开来。

基于上述情况，李群林判断，把众筹作为一种购买行为会限制它的成长速度和规模，他觉得作为投资行为更符合大家参与众筹的需求。于是，他决定做一个股权融资模式的众筹网站，把创业者的商业想法展示出来，把投资人汇聚起来，让他们更有效率地选择。2012年12月，李群林把他的众筹网站“大家投”（最初叫“众帮天使网”）搬上了线。那时他的想法非常简单，创业者把自己的项目展示在网站上，设定目标金额和期限，投资人看了觉得不错就来沟通，然后投资成为项目股东，投的人多了逐渐把资金凑齐。众筹完成，平台收取服务费。

大家投上线一段时间之后，根据后台的点击、阅读等数据，李群林意识到，首先应制定一个规则，帮助创业者厘清与投资人的合作流程，界定投资人的责权利，以及投资人之间关系。多个投资人直接入股项目会带来管理上的混乱，甚至会影响到项目今后的融资；而股份代持有一定的法律风险。他想到了设立有限合伙企业的方式：假设有一个创业者在大家投网站上宣布自己的创业项目需要融资100万元，出让20%的股份。然后有一定门槛和资质的领投人认投5万元，其余陆续有5位跟投人认投20万元、10万元、3万元、50万元和12万元。凑满了融资额度以后，领投人与跟投人会以此为注册资金集体成立有限合伙企业，进入线下办理有限合伙企业注册、投资协议签订、入股项目公司工商变更等手续，资金注入创业者的企业之后，该项目的天使期融资完成，投资人就按照各自出资比例占有创业公司出让的20%股份。

为了限制有限合伙的人数，大家投规定，领投人和跟投人的最低投资额度分别为项目融资额度的5%和2.5%。为了防止有人利用合伙形式从事非法集资的活动，中国最高立法机构在《中华人民共和国合伙企业法》修订草案中规定，有限合伙企业的合伙人最多不能超过50人（包括法人和自然人）。大家投的这个最低投资额度的比例设计，就是为了将有限合伙的人数限制在40人左右。

大家投不超过40人的有限合伙制的规则设立，也是为了不逾越现有的法律规定——国内利用互联网平台向公众转让股权、成立私募股权投资基金等行为定性为一种新型的非法证券活动。也正是因为此，国内的众筹项目的回报内容都不得是股权、债券、分红、利息等形式。

鉴于在深圳注册公司的高效率，大家投平台承担了为投资人跑工商注册流程的工作。

2013年9月，大家投成功完成了一个30万元的众筹项目，这是这个平台第一次为其他创业者筹资成功的案例。

随后，李群林还改掉了大家投上的一条老规矩，于2013年11月推出新的调整机制——投资人在决定投资时，不用马上就真金白银地打出钱，只需给出投资意愿，即投入多少资金就可以。这个过程中，投资人随时可以反悔。等到投资意愿总额达到目标金额，各个投资人再按照承诺划拨资金。以前的设置是，投资人决定投资时就要真的拿出钱来，而且“项目上线半年之后，若筹资不满，领头人和跟投人才可以反悔”。新规则的目的就是为了打消投资人对自己的资金会产生空当期的顾虑，让观望者行动起来。

涉及资金往来，就有平台资金沉淀的嫌疑。设立创始人账号不是可取之道，第三方支付做托管的成本高昂，且并不能给予投资者资金很好的保护，最好的选择是找到一个银行来做资金托管。李立群开始找银行，这时他又拿出当时为大家投筹资时的劲头，挨个给银行打电话跟人讲他的创新模式。大多银行接到电话就拒绝了他，要么因为听不懂他的模式，要么觉得操作难度大。最后，他把电话打到了兴业银行的总行资产托管部，总算有人听懂了。最终，大家投委托兴业银行深圳分行推出一种面向大家投投资款托管服务“投付宝”。它的作用类似于支付宝，但因为是银行托管，在账户管理和资金流向上都更安全和明晰；而为了这个产品的推出，李群林整整在银行跑了4个月。“投付宝”还有一个功能就是投资款分批拨付给项目公司的制度，是否拨付下一笔投资款由投资人根据项目的实际进展来集体投票决定，这又是一个有效降低投资人投资风险的重要手段。

与其他众筹平台不同，李群林把筹资期限的设定取消了。因为允许投资人先表达投资意向，最后才出资，所以以前设定的最长半年筹资期就失去了意义，李群林决定不给创业者设定项目展示的期限，并且允许创业者随时上传项目进展，用这种方式支持创业者坚持下去。

大家投网站模式是：当创业项目在平台上发布项目后，吸引到足够数量的小额投资人（天使投资人），并凑满融资额度后，投资人就按照各自出资比例成立有限合伙企业（领投人任普通合伙人，跟投人任有限合伙人），再以该有限合伙企业法人身份入股被投项目公司，持有项目公司出让的股份。融资成功后，作为中间平台的大家投则从中抽取2%的融资顾问费。

如同支付宝解决电子商务消费者和商家之间的信任问题，大家投将推出一个中间产品叫“投付宝”。简单而言，就是投资款托管，对项目感兴趣的投资人把投资款先打到由兴业银行托管的第三方账户，在公司正式注册验资的时候再拨款进公司。投付宝的好处是可以分批拨款，比如投资100万元，先拨付25万元，根据企业的产品或运营进度决定是否持续拨款。

社交媒体的出现，使得普通人的个人感召力可以通过社交媒体传递到陌生人，使得众多创业公司获得更多资源和资金成为可能。大家投在这方面做出了有益的尝试。

第三章

风险防范：详解法律，规范操作

股权众筹的法律风险主要体现在两个方面：一是运营的合法性问题，这中间可能涉及最多的就是非法吸收公众存款和非法发行证券；二是出资人的利益保护问题。对通过股权众筹进行创业和投资的参与者来说，关键是熟悉相关法律法规，不要触碰法律底线，以规避法律风险，做到安全操作。

股权众筹

——“互联网+”时代速融新模式

相关法律法规的梳理与解读

国家正在积极推动互联网金融的发展，但同时也在加强对互联网金融市场的规范，为此出台了一系列关于互联网金融的法律法规，以及相关的监管措施，其中有关股权众筹的法律法规对创业者和投资人来说必须熟知。为此，对股权众筹相关法律法规进行梳理与解读，以帮助股权众筹参与者了解和规避股权众筹的法律风险，实现创业者“踏踏实实融资”，投资者“明明白白投资”。

1. 相关法律法规的梳理

在股权众筹发展之初，并未有专门法律法规对其做出规定，只能参照已有的《证券法》、《中华人民共和国公司法》（以下简称《公司法》）、《关于进一步促进资本市场健康发展的若干意见》（国发〔2014〕17号）等法律法规和部门规章。其中涉及股权众筹业务主要有《公司法》对于公司人数的限制、《证券法》企业对于公开发行股票的规定等。

2014年从国家层面要求建立资本市场小额再融资快速机制，首次提出“开展股权众筹融资试点”。

2014年年底，中国证券业协会发布了《私募股权众筹融资管理办法（试行）（征求意见稿）》，这是官方第一次出台针对股权众筹的法规。此文件的起草说明提到：“由于缺乏必要的管理规范，众筹融资活动在快速发展过程中也积累了一些不容忽视的问题和风险：一是法律地位不明确，参与各方的合法权益得不到有效保障；二是业务边界模糊，容易演化为非法集资等违法犯罪活动；三是众筹平台良莠不齐，潜在的资金欺诈等风险不容忽视。”但是试行办法出台后，正式版却迟迟没有出台，因为里面涉及一些关于股权众筹安排，包括投资者的门槛、众筹平台的门槛等，还存在方向性的争议。其中最主要的争议在于对合格投资人的认定，业界普遍认为门槛过高，有悖众筹普惠金融的本质。

2015年3月，国务院办公厅发出的《关于发展众创空间推进大众创新创业的指导意见》中特别提到，国务院将开展互联网股权众筹融资试点，增强众筹对大众创新创业的服务能力。

2015年3月《政府工作报告》将“开展股权众筹融资试点”写入其中。

2015年4月，全国人大财经委员会推出了《证券法》修订草案，正式提出股票发行注册制改革的同时，允许互联网等众筹方式公开发行模式亦被草案所提议。草案提出，在相关要素满足一定条件的发行事项，可豁免注册或核准。

2015年7月，央行牵头出台《关于促进互联网金融健康发展的指导意见》（以下简称《指导意见》），被业界称之为“互联网金融基本法”，《指导意见》明确了股权众筹定义，肯定了其在我国资本市场的意义。文件对股权众筹的定义是指通过互联网形式进行公开小额股权融资的活动。此定义一出，业界哗然，对于文件定义的股权众筹的公开、小额如何界定仍无定论，那么股权众筹平台在实际业务中如何进行产品设计才能符合公开小额的要求仍然是一个疑问，因此股权众筹更加具体的法律法规期待将来证监会的监管细则予以明确。

2015年7月29日，中国证券业协会网站正式发布了《场外证券业务备案管理办法》，自2015年9月1日起施行，私募股权众筹业务也被纳入并实施备案管理。多位股权众筹平台人士表示，这可以理解私募股权众筹备案制度率先落地。

2015年8月3日，证监会发布了《关于对通过互联网开展股权融资活动的机构进行专项检查的通知》，证监会此次对股权众筹平台的意图明确，即对当前股权众筹行业进行摸底调查，对监管细则的出台做前提调研。

2015年8月10日，中国证券业协会根据中国证监会《关于对通过互联网开展股权融资活动的机构进行专项检查的通知》（证监办发〔2015〕44号）精神，将《场外证券业务备案管理办法》第二条第（十）项“私募股权众筹”修改为“互联网非公开股权融资”，这个文件明确了官方对于股权众筹业态的界定。除了阿里巴巴、京东和平安取得股权众筹试点资质外，其他大部分的互联网股权融资平台的业务将归属于“互联网非公开股权融资”的范畴。

2. 相关法律法规的解读

上述文件的出台，均是在肯定互联网股权投融资这种新型业务形态对于促进我国创新创业、丰富资本市场层级体系的基础之上，逐步完善监管体系所采取的必要措施。这些文件是为了保证股权众筹能够更好地发展，从中可以看到监管部门的政策制定意图主要在于防范风险、指引方向、规范行为。

首先，风险防范是监管法律法规的第一目标，股权众筹是非上市公司通过互联网平台募集资本，对于《证券法》公开发行股票的规定是一种突破。如何防止股权众筹平台沦为非法集资，避免非合格投资人参与股权投融资这类高风险投资行为是法律法规出台的首要目标。

其次，政策出台为股权众筹的业务发展方向提供指引，2015年8月10日，中国证券业协会发布关于调整《场外证券业务备案管理办法》个别条款的通知，明确了公募众筹与私募众筹的区别，对于股权众筹业务的发展指明了方向，大部分股权众筹平台应当向“互联网非公开股权融资”方向发展，加强平台对于股权投资项目的把关能力，为投资人提供更多高质量的股权投资项目，将项目对接给有相应投资能力的投资人才是平台发展的正确路径。

法规的出台最终落脚于对相应主体的行为监管，虽然目前监管细则尚未出台，但是对于互联网股权投融资有些原则性法律法规不能突破。在这种情况下，股权众筹平台要有使命感，应当肩负起重要责任，做好行业自律，确保项目的真实可靠，做好项目的信息披露工作，以及投资者教育工作，只有这样才能保证行业的良性健康发展。

对于包括股权众筹、“互联网非公开股权融资”在内的新兴的互联网金融业务，相关的监管法律法规还在制定当中。股权众筹的所有参与者尤其是平台方，应该注意遵守相关法律法规，加强与监管部门的沟通，这样才能使股权众筹安全、顺利地实施并取得效果。

股权众筹运营的合法性

股权众筹运营的合法性，主要是指众筹平台运营中时常伴有非法吸收公众存款和非法发行证券的风险，而很多从业人员包括相关法律人士对此也是认识不一。非法吸收公众存款即是非法集资罪，在《最高人民法院关于审理非法集资刑事案件具体应用法律若干问题的解释》中第一条有规定。非法发行证券的风险在我国《证券法》第十条有规定。

1. 非法吸收公众存款的风险

众所周知，在目前金融管制的大背景下，民间融资渠道不畅，非法吸收公众存款以各种形态频繁发生，引发了较为严重的社会问题。对此，2010年12月《最高人民法院关于审理非法集资刑事案件具体应用法律若干问题的解释》（以下简称“司法解释”）第一条规定：

违反国家金融管理法律规定，向社会公众（包括单位和个人）吸收资金的行为，同时具备下列四个条件的，除刑法另有规定的以外，应当认定为刑法第一百七十六条规定的“非法吸收公众存款或者变相吸收公众存款”：（一）未经有关部门依法批准或者借用合法经营的形式吸收资金；（二）通过媒体、推介会、传单、手机短信等途径向社会公开宣传；（三）承诺在一定期限内以货币、实物、股权等方式还本付息或者给付回报；（四）向社会公众即社会不特定对象吸收资金。未向社会公开宣传，在亲友或者单位内部针对特定对象吸收资金的，不属于非法吸收或者变相吸收公众存款。

该司法解释同时要求，在认定非法吸收公众存款行为时，上述四个要件必须同时具备，缺一不可。因此，股权众筹运营过程中对非法吸收公众存款风险规避，应当主要围绕这四个要件展开。如表3–1所示。

表 3–1　对司法解释第一条相关规定的解读

问题	解读
对要件（一）和（二）的解读	就要件（一）和（二）而言，基本上是无法规避的。股权众筹运营伊始，就是不经批准的；再者，股权众筹最大的特征就是通过互联网进行筹资，而当下互联网这一途径，一般都会被认为属于向社会公开宣传。所以，这两个要件是没有办法规避的
对要件（三）的解读	针对承诺固定回报要件，实践中有两种理解：一种观点是不能以股权作为回报，另一种观点则是可以给予股权，但不能对股权承诺固定回报。如果是后一种观点，效仿私募股权基金募集资金时的做法，使用“预期收益率”的措辞可勉强通过；如果是前一种观点，相应要复杂一些，可以由线上转入线下采取有限合伙的方式，或者将若干出资人的股权由某一特定人代持

续表

问题	解读
对要件（四）的解读	针对向社会不特定对象吸收资金这一要件，本来股权众筹就是面向不特定对象的，这一点必须要做处理。实践中有的众筹平台设立投资人认证制度，给予投资人一定的门槛和数量限制，借此把不特定对象变成特定对象，典型如大家投；也有的平台先为创业企业或项目建立会员圈，然后在会员圈内筹资，借以规避不特定对象的禁止性规定

2. 非法发行证券的风险

我国《证券法》第十条规定：公开发行证券，必须符合法律、行政法规规定的条件，并依法报经国务院证券监督管理机构或者国务院授权的部门核准；未经依法核准，任何单位和个人不得公开发行证券。有下列情形之一的，为公开发行：（一）向不特定对象发行证券的；（二）向特定对象发行证券累计超过二百人的；（三）法律、行政法规规定的其他发行行为。非公开发行证券，不得采用广告、公开劝诱和变相公开方式。

首先必须提到的是，迄今为止，《证券法》并未对“证券”给出明确的定义，究竟有限责任公司的股权和股份有限公司的股份是否属于《证券法》规定的“证券”，业界仍有一定的争议，但前文提到的美微传媒被证监会叫停，显然主管部门更倾向于认定股权属于证券范畴。针对《证券法》第十条，有三个问题值得关注。如表3-2所示。

表 3–2　对《证券法》第十条相关规定的解读

问题	解读
什么是公开发行必须符合法律、行政法规规定的条件？	公开发行一般对公司有一定的要求，如要求公司的组织形态一般是股份有限公司，必须具备健全且运行良好的组织机构，具有持续赢利能力、财务状况良好，最近3个会计年内财务会计文件无虚假记载，无其他重大违法行为，以及满足国务院或者国务院证券监督管理机构规定的其他条件。股权众筹项目通常都不具备这些条件，绝大多数众筹项目在众筹计划发布时公司都尚未注册成立，更别提具备好的财务记录了，显然不具备公开发行证券的条件，因此只能选择不公开发行了
如何认定公开发行？什么是面向特定对象发行？什么是面向不特定对象发行？	应该说这个规定发布的时候网络等新媒体还不够发达，而现在微博、微信等已经充分发达，那么现在通过互联网等平台发布众筹计划属不属于采用广告或变相公开的方式发布就成为一个问题了。众筹方式的本质就是“众”，就是说它面向的范围会比较广。众筹是一个新生事物，以互联网等作为聚集人气的手段，如果法律进行强制性规定，可能会扼制这个新兴的创业模式的活力。是否符合面向特定对象的不公开发行，实践中判断时大致采用两个标准：一是投资人是否限定在一定范围内；二是发行数额是否有上限，是否可以随时增加。针对前一标准，投资人限定范围大小，是否构成特定对象则不好判断，但后一标准相对比较好把握，比如众筹计划募集的资金和股份是不是有限制的，是不是有一个特定的数额，如果没有限制随时可以增加就可能存在问题
二百人是打通计算，还是仅看表面？	不超过二百人，是数量上的禁止性规定，这个标准在实践中比较容易把控。但有一点是，这二百人的认定，是打通计算，还是仅看表面？如果是打通计算，也就是说股权众筹最多只能向二百人筹资；如果是仅看表面，那么众筹平台在实践中就会有许多变通方式

股权众筹出资人的利益保护

近年来，互联网金融影响着人们的消费、理财生活。但由于行业不完善、监管缺失等造成的问题也屡见不鲜，2015年多家P2P平台非法集资跑路事件也在社会上造成了极大的信任危机。业界人士频频呼吁，互联网金融应加快完善监管体系，各平台也要做好自检自律，尽职保护投资人利益。在2016年，互联网金融尤其是股权众筹，作为供给侧改革、“双创”、金融改革的重要突破口之一，成为了媒体广泛关注的焦点。各界人士纷纷建言：应考虑建立股权众筹平台准入制度、合格投资人认证制度，加强股权众筹融资平台的监管与指导，建立健全股权众筹融资项目交易与退出机制，以及股权众筹融资风险防范协作协调机制，保障行业健康发展。

保护出资人利益应该是众筹这种模式的立足点，作为众筹模式中的一个重要形式，股权众筹也应该将保护出资人利益当作立足点。在股权众筹模式中，出资人的利益涉及以下四个方面内容：一是信任度，二是安全性，三是知情权和监督权，四是股权的转让或退出。

1. 信任度

由于当下国内法律、法规及政策限制，股权众筹运营过程中，出资人或采用有限合伙企业模式或采用股份代持模式，来进行相应的风险规避。但问题是在众筹平台上，出资人基本上互相都不认识，有限合伙模式中起主导作用的是领投人，股份代持模式中代持人至关重要，数量众多的出资人如何建立对领投人或代持人的信任度至为关键。

鉴于目前参与众筹的许多国内投资者并不具备专业的投资能力，

也无法对项目的风险进行准确的评估，同时为解决信任度问题，股权众筹平台从国外借鉴的一个通用模式即合投机制，由天使投资人对某个项目进行领投，再由普通投资者进行跟投，领投人代表跟投人对项目进行投后管理，出席董事会，获得一定的利益分成。这里的领投人，往往都是业内著名的天使投资人。但该措施或许只能管得了一时，长期却很难发挥作用，这是因为众筹平台上项目众多，难以找到很多知名天使投资人，不知名的天使投资人又很难获得出资人信任，另外天使投资人往往会成为有限合伙企业的GP（General Partner，一般合伙人），一旦其参与众筹项目过多，精力难以兼顾。解决问题的核心还是出资人尽快成长起来。

另外，众筹模式中采用股份代持的，代持人通常是创业企业或项目的法定代表人，其自身与创业企业的利益息息相关，出资人应当注意所签代持协议内容的完整性。

2. 安全性

目前，从国内外众筹平台运行的状况看，尽管筹资人和出资人之间属于公司和股东的关系，但在筹资人与出资人之间，出资人显然处于信息弱势的地位，其权益极易受到损害。

众筹平台一般会承诺在筹资人筹资失败后，确保资金返还给出资人，这一承诺是建立在第三方银行托管或者“投付宝”类似产品基础上。但众筹平台一般都不会规定筹资人筹资成功但无法兑现对出资人承诺时，对出资人是否会返还出资。当筹资人筹资成功却无法兑现对出资人承诺的回报时，既没有对筹资人的惩罚机制，也没有对出资人权益的救济机制，众筹平台对出资人也没有任何退款机制。

严格来说，既然是股权投资，就不应该要求有固定回报，否则又变成了“明股实债”。但筹资人至少应当在项目融资相关资料中向出资人揭示预期收益。一旦预期收益不能实现，实践中又会形成一定的纠纷。

3. 知情权和监督权

出资人作为投资股东，在投资后有权利获得公司正确使用所筹资金的信息，也有权利获得公司运营状况的相关财务信息，这是股东权利的基本内涵。

虽然行业内规定众筹平台对资金运用有监管的义务，但因参与主体的分散性、空间的广泛性以及众筹平台自身条件的限制，在现实条件下难以完成对整个资金链运作的监管，即使明知筹资人未按承诺用途运用资金，也无法对其进行有效制止和风险防范。

该环节类似私募股权投资的投后管理阶段，出资人作为股东，了解所投公司的运营状况是其基本权利。行业内虽对众筹平台有类似规定，但实践中缺乏可操作性，只能寄希望于不久出台的法规中对众筹平台的强制性要求，以及不履行义务的重度处罚。同时，对于公司或众筹平台发布或传递给出资人的相关信息，如果能明确要求有专业律师的认证更好。

4. 股权的转让或退出

众筹股东的退出机制主要通过回购和转让这两种方式。如采用回购方式，原则上公司自身不能进行回购，最好由公司的创始人或实际控制人进行回购；采用股权转让方式，原则上应当遵循《公司法》的相关规定。

在公司创始人回购或者直接股权转让的实务中，如果出资人直接持有公司股权，则相对简单，但实践中大多采用有限合伙企业或股份代持模式，出资人如要转让或退出，就涉及有限合伙份额的转让和代持份额的转让。关于这一点，最好能在投资前的有限合伙协议书或股份代持协议中做出明确约定。

在解决了由谁来接盘后，具体的受让价格又是一个难题，由于公司尚未上市，还没有一个合理的定价，也很难有同行业的参考标准，所以建议在出资入股时就在协议里约定清楚，比如有的众筹项目在入股协议里约定，发生这种情况时由所有股东给出一个评估价，取其中的平均值作为转让价，也有的约定以原始的出资价作为转让价。

股权众筹的其他风险

股权众筹除了运营的合法性和出资人的利益保护两个主要方面的法律风险外，还存在欺诈风险、失败概率风险、资金风险、操作风险等其他风险，这也是股权众筹参与者应该引起足够重视的。

1. 欺诈风险

股权众筹一方面是满足创业者融资的需求，另一方面是丰富社会的融资渠道，但是由于股权众筹的企业一般是初创型企业，有些甚至是在读大学生创立的公司，因此并没有沪深证券交易所或者新三板交易所等传统交易所对于企业较为严格的审核，风险非常高。这里面的风险之一就是欺诈风险。因为相当一部分项目只是通过互联网介绍公司的情况，这里可能包括商业计划书和视频，那么就不排除有欺诈的可能。

2015年11月，因涉嫌以“原始股”非法集资，上海某科技发展有限公司原法人代表被批捕，其炮制的假股票骗局骗取河南上千名群众2亿多元资金。该公司利用其在上海某地方股权交易市场挂牌的身份，对外宣称为“上市公司”，并且宣布公司将定向发行“原始股”。这使得一大批投资人误以为这是一家潜在的“绩优股”企业而选择投资。据初步了解，该公司利用“原始股”共非法融资2亿多元，涉及上千名投资者。

当然，目前大部分的股权众筹平台都采取“领投+跟投”的模式，领投人一般是具有一定投资经验的专业投资者，他利用自己的专业眼光和经验对项目或公司进行筛选，跟投人则基于对领投人的信任跟进投资，从而降低跟投人由于缺乏专业知识和经验所带来的风险。这个模式一定程度解决了欺诈和失败概率的问题，但同时又诞生了另一个问题，就是如果领投人和创业者存在某种经济利益关系，双方私下达成某种协议，那么对于该项目的跟投人是相当危险的。

2. 失败概率风险

“创业成功是偶然，失败是必然”，这是风险投资行业常用来点评创业项目的经典话语。这句话也揭示了股权众筹的风险之一——失败概率风险。股权众筹从某一方面可以理解为风险投资和天使投资的互联网化现象，让非专业投资者也能参与到过去不能接触的风险投资和天使投资领域，但是股权众筹的出现并不会提高众筹项目的成功概率，失败的概率仍然非常高。

2013年，一位投资人以5万元入股某咖啡馆，但运营一直处于亏损状态，最后投入的资金几乎全部亏损。当时2000元就可以入股，一共有100多个股东，5万元以上的大股东共4个人。小额的股东一般都是“玩票”的心理，大家也不关心咖啡馆的运营。

据这位投资人介绍，其实，这家咖啡馆之所以一直处于亏损状态主要在于模式设置的失败，是小股东太多了，如果采用集权管理就不会造成这种结果。管理的混乱是该咖啡馆面临的难题。虽然该咖啡馆也成立了8人董事会，但是由于发展理念存在分歧，最早的发起人已经退出团队，后来只有一个领投人带领团队。

创业企业股权众筹项目失败的概率相对较大，或许初始的想法比较吸引人，但到了后期，比如产品开发失败、销路不好、被抄袭，甚至创业团队内部矛盾，等等，都会导致本就脆弱的创业公司土崩瓦解。又或许，项目存活了下来，但股权众筹融资获取回报的时间长，往往需要5年以上。如此之长的时间里，不管是企业的创新风险还是投资人的流动性风险，都将会受到很大的挑战。

3. 资金风险

股权众筹募集的资金一般有限定时间和限定金额，并且资金通常是通过股权众筹平台进行划转的，因此，会存在多种资金方面的风险：

第一，计划融资的资金无法在规定时间内募集完成，出于对股权众筹投资者的负责，股权众筹平台会限定融资的企业或团队在该平台募集资金时签订一份委托融资的协议。如果该股权众筹项目无法在规定的时间内募集到最低限额的资金，那么意味着该次股权众筹融资失败，可能会给本身已经资金匮乏的创业者带来资金短缺的风险。

第二，股权众筹平台、创业者和意向投资人会商议本次股权众筹的总金额，但是由于部分股权众筹平台对于目标融资额度并没有固定数额，要么采取浮动空间甚或是无上限限制，从而引致除了融资不足外，有些时候也会出现超募的现象，即意向投资资金超过项目原计划融资的资金。这种情况下会造成参与股权众筹的投资者人数和金额的不确定性，会带来资金监管上的难度和风险。

第三，股权众筹是在一个时间段完成的，因此募集资金的过程中，会有一个“资金池”存放募集的资金，当项目募集成功，资金才会流转给创业者使用。资金安全永远是投资者投资之前要考虑的问题。由于目前绝大部分的股权众筹平台都会让投资者先将资金转到股权众筹平台上，再由平台以投资人的名义办理有限合伙企业，相对于P2P（债权众筹），每个股权众筹项目涉及的金额会更大，因此股权众筹平台在筹集资金过程中对资金的管理和使用是一个风险。

4. 操作风险

股权众筹由于涉及工商登记的问题，因此在操作过程中会存在不少风险，如以有限合伙企业的形式来投资，需要投资者将身份证原件寄到股权众筹平台，委托平台办理工商注册和登记。众多身份证原件的寄送就会存在较大的操作风险。

在持股方式上，目前众筹最具特点的环节是，投资者并不直接成为公司股东，而是协议成立有限合伙企业，对内将众多投资者集合在一起，对外以单一意思表示主体身份加入目标公司，目前几乎所有的股权众筹平台都采用了合伙企业的模式。所谓“皮之不存毛将附焉”，如果无法主张股东权利，对于投资者而言股权众筹也将失去意义。

在领投方面，在融资需要发布后，融资方往往会寻找有投资经验的专业投资人士先行认购部分股权，然后由其成为领投人，待其他投资者认购满额后，领投人牵头成立有限合伙企业并成立普通合伙人，其他投资者为有限合伙人，领投人对外代表有限合伙执行事务。这样的操作思路与P2P借贷相似，以领投人的信用（包括投资经验、工作经历、个人资产等）为项目进行“信用增级”，以加强投资者信心，解决融资方资信不高的问题，推进融资顺利完成。在这个过程中，领投方的信用及道德风险应该引起其他参与者的足够重视。

风险控制机制建议

结合股权众筹平台所处的初级阶段和目前我国的金融投资环境，应该将做好风险防范放在第一位，不然风险的爆发会扼杀处于萌芽状态的股权众筹模式。股权众筹平台要想进一步发展，首先需要建立一套相对完善的风险控制机制，同时在运营的过程中不断地完善。

1. 严格的投资者审核与充分的投资者教育

任何投资都会有风险，风险和投资是一对形影不离的孪生兄弟。虽然股权众筹平台并非是项目或企业的投资方，但是为了减少欺诈风险和打造平台的品牌，平台方有责任和动力对申请进行股权众筹的项目进行适当的审核。因此，作为股权众筹平台首先需要做的一件事情就是，向投资者充分地披露股权众筹的风险，设定能够参与股权众筹的门槛。

对于投资者的审核，在这里可以借鉴《中华人民共和国证券投资基金法》（2013年6月1日起施行）（以下简称《基金法》）第八十八条中对非公开募集基金中合格投资者的要求。《基金法》对合格投资者的总体描述是“达到规定资产规模或者收入水平，并且具备相应的风险识别能力和风险承担能力，其基金份额认购金额不低于规定限额的单位和个人”。这里为合格投资者规定了三项要求，即收入上的要求，风险识别能力和风险承担能力的要求，以及认购金额上的要求。据此，平台的审核工作应该是：首先，收入上要对个人和机构投资者设定不同的标准，应借鉴一定地域范围内的平均工资标准，考量收入是否超过一般人的最低生活消费要求，以求最大限度地保护投资人。其次，对于风险识别能力，应当从投资者从事的行业、投资人以往成功投资的案例来进行考量，以甄别对相关领域风险没有识别能力和经验的个体；而对于风险承担能力，避免过分地对投资者审核而使其丧失投资的积极性，主要通过明确的风险提示和对收入的审核进行。最后，认购金额的要求在股权众筹的角度主要是为了防止一个项目的投资者过度分散，导致权利义务过于复杂而影响融资进程。

股权众筹平台在对投资者教育的把握上十分重要。潜力巨大的股权众筹市场，迅速成为互联网金融行业的热点，国内股权众筹平台如雨后春笋般纷纷涌现，因此可以说，谁做好了投资者教育，谁就掌握了股权众筹行业入口。

目前活跃在股权众筹行业的无非就是泛创投圈人群，这类人具备以下几点特质，使其可以参与到股权众筹：一是有资金。参与股权众筹有一定的门槛，需要有一定的经济实力。二是有远见。长期活跃在金融领域的创投圈人群，获取行业信息丰富，他们善于发现发展趋势。三是有理财意识。他们不希望自己的钱被通货膨胀吞噬。四是有风险评估能力，可以平衡风险与投资。教育就是全方位客观地呈现一个事物的外在表象和内在规律。所以，股权众筹行业的教育不仅仅是股权众筹本身，包括理财意识的培养，风险评估能力的提高，等等。

股权众筹平台要做大、做强，掌握行业入口，关键在于获取用户的信任。其实做投资者教育基本上就是和用户订立一种师生关系，这种关系与用户就会有一种天然的黏度，加之交流频次高，相互之间容易建立信任感。通过基于信任的教育，让我们的目标用户对这个领域从一开始的不了解，到了解，再到信任，到最后精通，实现路人转“粉”就实现了对流量入口的把控。

2. 第三方资金监管机制

由于股权众筹资金的周转问题，考虑到资金的安全性，股权众筹平台应该与银行等可信赖的金融机构合作，建立第三方资金监管机制。

作为建设多层次资本市场的重要创新，股权众筹应采用底线监管制度，对股权众筹平台强制实施资金第三方银行存管制度，股权由第三方统一登记制度。股权众筹项目发起以后，成功项目的资金在第三方存管账户上滋生的利息收入进入股权众筹项目资本金，失败项目的本金及其在第三方存管账户上滋生的利息收入返还投资者本人。

需要说明的是，第三方支付机构从定义上讲就是承接了银行的支付职能。国家对第三方支付机构实行严格监管制度，所以，第三方支付机构必须有国家金融监管部门颁发的经营许可证，银行才能与其合作对接而办理第三方支付业务。没有此证者，是为不合法的，是不允许经营第三方支付业务的，也进不了银行合作的门槛。

3. 适当充分的信息披露

通过互联网方式参与股权众筹的投资者，通常无法实际地考察项目，并且该类项目大部分是初创型企业或团队，这些企业或团队并没有像上海和深圳证券交易所上市的企业那样有严格的审核标准和信息披露机制，因此适当的信息披露尤为重要。不但是在融资前，在融资后也是非常重要。借助互联网高度透明性的特点，可以大幅度地降低欺诈的风险。

人人投、人人合伙等几家平台对此看法基本上是一致的。他们认为，没有信息披露，投资人就不会知道项目进展情况如何，现如今比如说在公开市场，信息披露是必须的。每个月、每个季度、每一年都要有信息披露，并且有一定的信息披露量；还要有半年报、年报；公司有重大决定时都要发公告。

事实上，对于股权众筹来说，主要体现一个“众”字，虽然是特定人群，但是你的股东很多，这就意味着项目方对这些股东的信息披露必须要充分、及时。所以，从监管层面上来说，未来的股权众筹一定会把信息披露作为对于参与股权众筹的项目方的一项强制性要求，而且必然会成为投资后管理中的一项核心内容。

4. 领投人权利与义务的有机结合

目前较为流行的“领投+跟投”的模式可能是最适合于股权众筹的模式，但是要充分发挥该模式的作用，需要将该机制做得更加深入和细化，尤其是对于领投人的权利与义务，应有明确的规定。领投人通过领投项目而获得一定的股权或收益激励，但同时需要有约束机制，除了需要对项目进行详尽的尽职调查外，还需要定期汇报所投项目的进展，及时与其他投资者进行沟通与交流。

领投人需要为每一个投资项目做书面的投资分析，并且披露其与投资项目之间是否存在利益冲突；领投人本人一般也要在其组织的联合投资项目中投入一大笔资金；领投人需要考察其每笔投资里跟投人的情况；领投人需要接受联合投资体里跟投人的询问，但跟投人的知情权一般是有限度的，等等。

股权众筹的法律监管

股权众筹在世界范围内都属于新鲜事物。作为股权众筹发源地的美国，2012年4月颁布了《2012年促进创业企业融资法》（即JOBS法案，也称“乔布斯法案”）。英国金融行为监管局也于2014年3月发布了《关于网络众筹和通过其他方式发行不易变现证券的监管规则》。我国对股权众筹的监管走过了不平凡的路程。

1. 美国JOBS法案

美国颁布JOBS法案。当时的背景是，近年来美国资本市场服务中小企业的能力不断下降，而高成本和高负担被视为其症结所在，因此美国政府试图以放松监管作为解决方案。

JOBS法案主要包含两大部分内容：一是IPO“减负”。JOBS法案中有大量新的条款出台，旨在为EGC公司（认定的新兴成长企业）IPO过程“减负”，并减轻其公开披露负担，同时使EGC得到更多的关注。二是非公开融资改革。JOBS法案的一系列改革措施旨在降低私人公司融资的规则限制，同时提高私人公司成为公众公司需要强制公开披露的门槛，并提出了新的公众小额集资方案，具体包括：对认定的新兴成长企业（EGC）简化IPO发行程序，降低发行成本，履行信息披露义务；在私募、小额、众筹等发行方面改革注册豁免机制，增加发行便利性；提高成为公众公司的门槛，等等。

众所周知，我国关于股权众筹尚没有成文法律，而目前行业发展依据的是2015年发布的《关于促进互联网金融健康发展的指导意见》。另外，我国《证券法》对股权众筹入法正在筹备中，美国的这一举动，无疑对我国证券监管部门有着借鉴意义。从国家层面发起的以鼓励和支持“大众创业、万众创新”活动看，支持和鼓励互联网金融发展无疑是主要任务。为此，未来借鉴JOBS法案从以下几方面促进完善法律，值得期待：一是允许部分企业可以直接向社会融资；二是放宽股权融资额度；三是信息披露细则规范；四是普通百姓可投资股权，但有限额。

在此过程中，我们可以观察美国众筹监管规则正式实施之后的效果及利弊，进而制定更加符合我国国情、更加有效的监管政策，这样或许能够形成后发优势，实现“弯道超车”，促进互联网股权融资（包括“公募”和“私募”）在解决小微企业融资难、融资贵方面和支持“万众创新、大众创业”方面发挥更加积极的作用。

2. 英国《众筹监管规则》

投资型众筹自诞生以来在英国得到快速发展，成为监管机构不得不重视的投资市场。由于投资型众筹涉及证券发行、金融产品推介等行为，其自产生便受到英国已有法律体系的监管。为了统一监管标准，并保护消费者利益，同时促进市场有序发展，英国FCA（金融行为监管局）于2014年3月6日发布了《关于网络众筹和通过其他方式推介不易变现证券的监管规则》（以下简称《众筹监管规则》），并于4月1日起正式实施。

与借贷型众筹相比，FCA对投资型众筹的监管更加注重减少投资者损失。借贷型众筹的监管规则中，FCA主要针对众筹平台设定了相关的限制与义务，如最低资本金限制、客户资金持有规则等，以降低风险发生的可能；而在投资型众筹监管中，本次新规则的特点为主要对投资者进行限制，不同能力层级的投资者对应不同程度的限制，将风险所带来的损失控制在限定范围内，而对平台的义务主要集中于平台确保投资者知悉可能面临的风险。

《众筹监管规则》的出台事实上扩大了投资者范围，英国众筹协会主席Julia Groves指出，监管意味着对投资者更强的保护，在规则出台前，股权众筹的对象基本上限于对高资产净值投资者或成熟投资者，而根据本次规则，只要投资不超过其投资资产的10%，任何人都可以成为股权众筹的投资者。

尽管我国P2P网贷行业在发展规模和速度上后来居上，远超英国，而相伴产生的风险与监管缺失也日益显现。《众筹监管规则》对我国的启示与借鉴意义体现在以下几个方面：第一，有风险即应有相应的监管机制，适度必要的金融监管是网络借贷行业（P2P）规范发展的普遍做法。第二，市场信心的关键是投资者信心，应以消费者保护为监管目标健全网络借贷监管规范。第三，负面清单（如不得吸收公众存款、不得集资诈骗等）是网络借贷规范的底线，网络借贷监管更需要一套有针对性的监管规则并在运行一段时间后评估其影响。第四，基本的金融法律制度是金融业的基础设施，从长远来看，需要全面系统地推动金融监管现代化以减少金融监管套利空间。

3. 我国股权众筹法律监管历程

如何让股权众筹在“鼓励与规范”之间取得完美平衡，不仅成为大小众筹平台面临的一道难题，也极大地考验着我国监管层的监管智慧。在经过了多年长足发展之后，我国股权众筹行业终于在2015年迎来一个发展的拐点。

2015年3月，国务院印发了《关于发展众创空间推进大众创新创业的指导意见》，明确提出“开展互联网股权众筹融资试点，增强众筹对大众创新创业的服务能力”，并将“开展股权众筹融资试点”写入这一年的《政府工作报告》。

2015年7月，央行等十部委联合发布了《关于促进互联网金融健康发展的指导意见》，首次以书面形式明确了股权众筹的基本概念与要素，指出股权众筹融资主要是指通过互联网形式进行公开小额股权融资的活动，股权众筹融资方应为小微企业，投资者只能进行小额投资。

2015年8月，证监会发布了《关于对通过互联网开展股权融资活动的机构进行专项检查的通知》，明确了股权众筹“小额、公开、大众”的性质，并确立了公募与私募的监管思路与原则。

2015年9月，《国务院关于加快构建大众创业万众创新支撑平台的指导意见》再次提出“稳步推进股权众筹融资试点，鼓励小微企业和创业者通过股权众筹融资方式募集早期股本”。

上述针对股权众筹的监管政策透露出几点重要信息：第一，我国股权众筹立法已经提上日程，呼之欲出，行业规范健康发展势在必行。第二，我国股权众筹立法的雏形蓝图，与美国JOBS法案有异曲同工之妙：都定位小微，尤其是小型创新创业企业；同样遵循“小额、公开、大众”的原则；同样以保护投资者利益为核心，并重点强化信息披露制度，融资企业通过中介平台如实、及时披露运营关键信息，禁止误导或欺诈；同样将证券监管部门明确为股权众筹监管机构，将股权众筹纳入我国多层次资本市场有机组成部分。第三，监管层已经肯定了融资门户网站或中介平台（即股权众筹平台）在股权众筹融资中的核心地位和作用：所有股权众筹融资活动必须通过融资门户网站进行，并赋予股权众筹平台一定的监管功能和创新探索功能。

2016年4月，在国务院多部委联合召开的“防范和处置非法集资法律政策宣传座谈会”（以下简称“防非座谈会”）上，证监会特别强调，将对股权众筹、私募基金等新型金融业态加以区分，同时还将在立法层面健全规范。证监会表示：“健全完善法规制度体系，积极推动出台私募基金监管条例，在《证券法》修改中对股权众筹做出规范，通过不断完善法规制度，引导金融创新活动的规范发展，同时防止非法金融活动借金融创新名义进行。”

在业内人士看来，证监会的表态或意味着私募基金和股权众筹两个方面将迎来“立法式”规范，一是可能会出台国务院或其他更高层面的私募基金的监管条例，二是在《证券法》的修改中，将会为股权众筹留出制度空间。

第四章

实务指南：熟悉操作方法，顺利融资投资

股权众筹被越来越多的机构和个人认可，但如何操作尚需指导。因此，本章从股权众筹产品设计、股权众筹投资标准流程、股权众筹框架、股权众筹平台收费模式、股权众筹平台对项目的尽职调查、设立契约型私募股权投资基金的相关规定、股权众筹与新三板结合的三种方式几个方面予以解读，以便熟悉操作方法，顺利实现融资投资。

股权众筹

——“互联网+”时代速融新模式

创业第一步，如何设计股权众筹产品

股权众筹项目需要发起人关注项目设计问题。同样的一个股权众筹项目，如果设计不够到位，就很有可能吸引不了投资者参与。相反，如果一个设计考虑得非常详细，不仅可以吸引不少的支持者，还可以让自己的项目让更多人认识。一旦项目能够上市，其市场前景就会非常不错。由此可见，对于发起人来说，如何设计股权众筹项目是非常重要的。

股权众筹项目作为一个融资项目，必不可少地要包含传统融资项目商业计划书中的一些基础信息，如公司信息、股权结构、团队信息、产品和服务信息、经营情况、未来规划等；对于股权众筹来讲，还需要做一些额外说明。根据股权众筹平台的操作经验，可以归纳总结为以下几点：融资额范围、股权众筹时间、领投人要求、跟投人要求、诚信管理和认筹投资人特定权益。

1. 融资额范围

股权众筹产品除了确定融资额度和出让股份外，还需定义众筹成功的融资额范围。股权众筹产品因其面向大众，所以其融资可能少于100%，也可能超过100%。在融资额少于100%的情况下，达到多少比例是可接受范围，低于多少比例将视为募资失败，是需要在股权众筹产品设计时加以说明的。比如，预期融资100万元，出让10%的股份，实际情况却是只融到60万元，项目方是否同意融资60万元，出让6%的股份。同样，融资比例的上限设定为多少，高于多少比例的认筹将不再接受，这些都需要在股权众筹产品设计时加以明确。

2. 股权众筹时间

传统融资项目商业计划书一般不对外公开，因此在融资时间上没有特定的要求，融资方案可以根据时间推移和项目进展随时调整内容。然而，通过股权众筹的方式，其信息资料在有限时间内一般都不允许被更改，因此通常需要设定募资时间。众筹期限一般设定为正式对外公布后的两个月内，如果时间到期而募资额未完成，是否支持延长众筹时间，延长的期限为多久，等等，需要具体进行说明。

3. 领投人要求

目前众筹入股项目公司的方式通常为：全部投资人共同成立一个合伙企业，由合伙企业持有项目方的股权。执行合伙人将代表有限合伙企业进入项目企业董事会，履行投资方的投后管理责任。执行合伙人一般即众筹领投人，项目说明书上可以对其提出条件要求，例如领投人必须是某领域的专家、某认证协会会长、上下游某公司老板等，除此之外，对领投人的认筹比例也可以设定一个范围值。

4. 跟投人要求

除领投人之外的众筹投资人都称为跟投人，《中华人民共和国合伙企业法》（以下简称《合伙企业法》）规定，有限合伙企业由两个以上50个以下合伙人设立，因此跟投人不能超过49人。但在实际操作中，项目方会根据自身情况来设定投资者人数范围，以及每位投资者可以认筹额度范围。例如，对于传播性要求较高的消费类项目，可以将每份认筹额设定低一些，投资者多，有利于传播。对于整合性要求较高的资源类项目，可以将每份认筹额设定高一些，这样门槛高些，投资者虽然少了，但投资者相对专业性更强些。这些都可以根据具体情况来设定。

5. 诚信管理

投资人确定投资意向后，可能需要对项目进行多轮访谈，项目方也可以对投资人进行筛选，此时就涉及投资人优先权重问题。在签订合伙企业协议后，投资人才将投资款打入相应账户中，从意向到打款的整个周期较长，也会出现投资人变动等问题。诚信管理有效地解决了该类问题，使整个众筹过程的效率大大提高并增强了其规范性。不同的股权众筹平台有不同的诚信管理机制，例如诚信评分机制、保证金制度。云筹平台使用的是保证金制度，在众筹产品设计时可以设定缴纳保证金的投资人优先权机制以及保证金的退还机制等。

6. 认筹投资人特定权益

投资人投资股权众筹项目，除了实现财务投资的目的，往往也是融资项目的忠实“粉丝”，他们有浓厚的兴趣参与到项目中来，成为前期种子客户或者VIP会员客户，或者提供特别的资源对接与帮助，这是股权众筹除了筹资金之外，极为重要的一方面。因此，如何有效地运用首批资源，给予众筹投资人特定权益，也是众筹产品设计时最引人注目的一部分，例如，产品试用权、服务终生免费权、网站金牌会员、代理分销权等。

股权众筹投资标准流程描述

在股权众筹的具体操作过程中，由于项目、平台等差异，或有顺序上的变更，但包括大多数股权众筹平台在内，股权众筹投资的基本流程是：项目筛选——创业者约谈——确定领投人——引进跟投人——签订投资框架协议——设立有限合伙企业——注册公司——工商变更或增资——签订正式投资协议——投后管理——退出。这是股权众筹投资的标准流程。下面我们对其中的各个环节进行解读。

1. 项目筛选

如何低成本、高效率地筛选出优质项目是股权众筹的第一步。以云筹为例，创业者需要将项目的基本信息、团队信息、商业计划书上传至云筹平台，由平台经验丰富且高效的投资团队对每一个项目做出初步质量审核，并帮助信息不完整的项目完善必要信息，提升商业计划书质量。项目通过审核后，创业者就可以在平台上与投资人进行联络。

2. 创业者约谈

天使投资的投资标的主要为初创型企业，企业的产品和服务研发正处于起步阶段，几乎没有市场收入。因此，传统的尽职调查方式不适合天使投资，而决定投资与否的关键因素就是投资人与创业者之间的沟通。在调研的过程中，多数投资人均表示，创始团队是评估项目的首要标准，毕竟事情是人做出来的，即使项目在目前阶段略有瑕疵，只要创始团队学习能力强、有格局、有诚信，投资人也愿意对其进行投资。

3. 确定领投人

优秀的领投人是天使合投能否成功的关键所在。领投人通常为职业投资人，在某个领域有丰富的经验，具有独立的判断力、丰富的行业资源以及很强的影响力和风险承受能力，能够专业地协助项目完善BP，确定估值、投资条款和融资额，协助项目路演，完成本轮跟投融资。在整个众筹的过程中，由领投人领投项目，负责制定投资条款，并对项目进行投后管理，出席董事会以及做好后续退出工作。通常情况下，领投人可以获得5%～20%的利益分成作为权益，具体比例根据项目和领投人共同决定。

4. 引进跟投人

跟投人在众筹的过程中同样扮演着重要的角色，通常情况下，跟投人不参与公司的重大决策，也不进行投资管理。跟投人通过跟投项目，获取投资回报。同时，跟投人有全部的义务和责任对项目进行审核，领投人对跟投人的投资决定不负任何责任。

5. 签订投资框架协议

投资框架是投资人与创业企业就未来的投资合作交易所达成的原则性约定，除约定投资人对被投资企业的估值和计划投资金额外，还包括被投资企业应负的主要义务和投资者要求得到的主要权利，以及投资交易达成的前提条件等内容。投资框架协议是在双方正式签订投资协议前，就重大事项签订的意向性协议，除了保密条款、不与第三人接触条款外，该协议本身并不对协议签署方产生全面约束力。

天使投资的投资框架协议主要约定价格和控制两个方面：价格包括企业估值、出让股份比例等，实际上就是花多少钱，买多少股；控制条款包括董事会席位、公司治理等方面。对于早期创业者来说，如何快速获取第一笔投资尤其重要。因此，尽可能地简化投资条款，在很多时候反而对创业者和投资人都有利。近年来，天使投资投资框架协议有逐步简化的趋势，IDG、真格基金等推出一页纸投资框架协议，仅包含投资额、股权比例、董事会席位等关键条款，看上去一目了然，简单易懂。

6. 设立有限合伙企业

在合投的过程中，领投人与跟投人入股创业企业通常有两种方式：一是设立有限合伙企业，以基金的形式入股，其中领投人作为GP（General Partner，一般合伙人），跟投人作为LP（Limit Partner，有限合伙人）；另一种则是通过签订代持协议的形式入股，领投人负责代持并担任创业企业董事。采用这种方式入股创业企业主要基于以下两方面原因：

一是法律层面，我国《证券法》和《公司法》对公开发行证券有明确的界定，《公司法》要求非上市公司股东人数不能超200人，有限责任公司股东人数不得超过50人。《证券法》则规定，向“不特定对象发行证券”以及“向特定对象发行证券累计超过200人”的行为属于公开发行证券，必须通过证监会核准，由证券公司承销。为规避法律红线，天使合投实行的投资模式是借用有限合伙制的“壳”，即投资人先组建有限合伙企业，领投人作为GP，跟投人作为LP，再通过有限合伙企业整体入股创业公司。

二是税负层面，采用有限合伙形式可有效避免双重税负，有限合伙企业不作为所得税纳税主体，合伙制企业采取“先分后税”方式，由合伙人分别缴纳个人所得税（合伙人为自然人）或企业所得税（合伙人为法人），合伙企业如不分配利润，合伙企业和合伙人均无须缴纳所得税。

7. 注册公司及工商变更或增资

投资完成后，创业企业若已经注册公司，则直接增资；若没有注册公司，则新注册公司并办理工商变更。公司进行设立登记时，应提供公司章程。公司章程是指公司依法制定的，规定公司名称、住所、经营范围、经营管理制度等重大事项的基本文件，也是公司必备的规定公司组织及活动基本规则的书面文件。

公司章程包括：公司名称和住所、经营范围、注册资本，股东的姓名、出资方式、出资额，股东的权利和义务，股东转让出资的条件，公司的机构及其产生办法、职权、议事规则，公司的法定代表人、财务、会计、利润分配及劳动用工制度，公司的解散事由与清算办法等条款。创业企业完成融资后，需要对公司章程相应条款进行修改，除注册资本、股东外，还包括投资方要求更改的部分条款。

8. 签订正式投资协议

正式投资协议是天使投资过程中的核心交易文件，包含了投资框架协议中的主要条款。正式投资协议主要规定了投资人支付投资款的义务及其付款后获得的股东权利，并以此为基础规定了与投资人相对应的公司和创始人的权利义务。协议内的条款可以由投融资双方根据需要选择增减。

9. 投后管理

除资金以外，天使投资人利用自身的经验与资源为创业者提供投后管理服务可以帮助创业企业更快成长。同时，类似于云筹这样的股权众筹平台，也会在企业完成众筹后，为创业者和投资人设立投后管理的对接渠道，使双方能够无障碍沟通。

投后管理服务包括：发展战略及产品定位辅导、财务及法务辅导、帮助企业招聘人才、帮助企业拓展业务、帮助企业再融资等方面。

10. 退出

退出是天使投资资金流通的关键所在，只有完成了有效的退出才能将初创企业成长所带来的账面增值转换为天使投资人的实际收益。天使投资主要的退出方式包括：VC接盘、并购退出、管理层回购、IPO、破产清算等。股权众筹在B轮之前很少退出，在B轮之后有合适的机会可以考虑退出，但好的项目一般会跟到最后。按照惯例，天使投资在退出时通常会有一定的折扣，折扣部分以现金或等值股份给予创始团队，或以老股形式卖给下轮投资人。因此，天使投资在A、B轮退出收益不高。

股权众筹框架：央行“五四三二一”方案

股权众筹“五四三二一”方案是中国人民银行金融研究所的互联网金融研究小组提出的。中国人民银行金融研究所前所长姚余栋在做客新华访谈2015全国“两会”特别节目时解释了这套方案的初衷。他表示，中国人民银行金融研究所对股权众筹的定位，是多层次资本市场的重要补充和金融创新的重要领域，对服务实体经济和控制宏观杠杆水平至关重要，应该通过金融创新丰富资本市场的层次，走向大私募，为未来的小公募发展预留空间，形成公募、小公募、大私募和私募的四个层次，同时严守底线，不碰红线，适度监管，为股权众筹未来持续健康发展护航。

1. 央行“五四三二一”方案的背景

当前我国实体经济发展面临诸多问题，其中之一便是融资结构不平衡。2014年，我国社会融资规模达16.46万亿元，其中债权融资占94.03%，非金融企业境内股票融资4350亿元，仅占2.64%，与美、英、日等发达国家相比，我国直接融资比例偏低，间接融资占比过高，导致企业和社会总体杠杆率较高。2014年年末，国内居民、政府和企业三部门（不含金融部门）总体债务规模约139万亿元，与当年GDP之比约为218%，三部门杠杆率分别为36%、56%和126%。与政府债务相比，我国企业部门债务规模更大、风险更高，尤其是在目前经济形势处于新常态背景下，企业部门经济效益难有起色，去杠杆压力较大。

为解决国内企业部门高杠杆率问题，今后一个时期内的重要任务是大力发展金融创新，通过众筹模式，满足部分企业的股权融资需求。开展股权众筹融资试点，积极探索和规范发展以创新为核心的互联网金融，可以有效缓解国内金融抑制现象，为“大众创业、万众创新”提供启动资金，发挥金融创新对技术创新的助推作用，扩大企业部门生存空间。

股权众筹“五四三二一”方案就是在这个背景下提出的，旨在通过金融创新丰富资本市场的层次，同时严守底线，不碰红线，适度监管，为股权众筹未来持续健康发展护航。

2. 央行“五四三二一”方案的含义

央行“五四三二一”方案的具体含义如下：

“五”是指将股权众筹打造成我国资本市场的“新五板”，以丰富我国多层次资本市场结构。目前，我国资本市场的主板主要服务于大型企业，中小板和创业板服务于大中型企业，新三板服务于国内各科技园区内中小企业，四板服务于地方辖区内中小企业，股权众筹作为新五板，通过互联网技术手段打破融资的空间障碍，可以更好地服务国内小微企业的股权融资。

“四”是指根据投资者风险偏好、风险承受能力和资金实力，对投资者层次进行合理划分，按照“公募、小公募、大私募和私募”四个层次，更准确地划分投资者的层次性。“小公募”，即公募股权众筹豁免制度，指根据社会融资主体融资需求和融资能力客观上存在的多层次性，借助互联网平台，允许符合条件的企业通过股权众筹平台公开发行一定金额以下的证券，并予以核准或注册豁免，简化发行程序，促进资本形成。与传统公募不同的是，小公募主要体现在融资金额的限制和发行条件的简化，以形成小额快速融资通道，促进小微企业高效、便捷、低成本直接融资。小公募能够充分利用互联网公开、便捷和低成本优势，发挥"众"（公众投资者参与）、"筹"（聚小成多）的特质，有效促进小微企业资本形成，一定程度上解决其融资难、融资贵问题。

"大私募"即放宽现行规定中对私募投资者高门槛的限制，扩大私募合格投资者范围，让更多有资金实力和风险承受能力的投资者参与私募股权众筹融资，适应投资者差异性的投资风险和风险偏好，形成"股权众筹合格投资者"。私募股权众筹属于私募性质，但应当比传统私募更宽松，体现为"金字塔形"的资本市场结构。

"三"是指根据融资企业的不同发展阶段和融资需求大小，将众筹平台分为"种子层、天使层和成长层"三个层次，不同层次融资上限、信息披露要求和投资者类型准入不同，以降低融资者信息披露成本和入市门槛。种子众筹风险较高，因此其融资上限限定为100万元，信息披露要求最严，只能由合格的机构投资者投资；成长众筹风险较低，其融资额约束在300万元～1000万元，信息披露要求较低，合格的机构和自然人投资者均可参与；天使众筹介于二者之间。

"二"是指坚守两个底线：其一是不设立资金池，由第三方银行进行资金托管，降低平台卷款跑路的风险；其二是不提供担保，包括显性和隐性担保。

"一"是指一条红线，在现有法律未修订的情形下，不能穿透《公司法》和《证券法》规定的股东人数200人的法律红线。

上述方案中，最受市场关注的是"一条红线"。根据现行《证券法》规定，向不特定对象或向特定对象累计超过200人发行证券，属于公开发行证券。公开发行证券，必须经国务院证券监管机构或国务院授权的部门核准。面对这一法律红线，股权众筹行业一直发展较为缓慢。

股权众筹平台三种收费模式优劣对比

对于股权众筹平台而言，其平台主要宗旨就在于通过为初创企业进行众筹融资，助力其起步和发展，服务实体经济。那么，股权众筹平台的发展动力与资金来源在哪里呢？这就涉及股权众筹平台如何收费的问题。对于初创企业而言，它们在选择股权众筹平台的时候，通常会了解股权众筹平台的赢利模式，看看选择哪个平台发起项目最为划算。

目前，股权众筹通常有三种收费模式：中介费或佣金模式、股权回报模式、增值服务费模式。每种收费模式各有千秋，这里对三种收费模式进行优劣比较，希望能帮助大家选到更为适合自己的股权众筹平台；同时希望全国众筹平台在无法找到更为合适的赢利模式的情况下，明确自己的定位和服务对象，针对不同的企业做出不同的收费方案。

1. 中介费或佣金模式的优劣对比

中介费或佣金模式是现阶段最常用的收费模式。具体操作方式是：平台在项目融资成功之后，向融资者收取一定比例的成交中介费（或称为佣金、手续费等），通常是融资额的3%～5%不等，视各家平台实际情况而定，没有固定比例。

该模式的优势是，它能够获得现金回报，收益明确。缺陷在于，由于现阶段众筹的项目数量和融资规模都十分有限，仅仅依靠收取佣金、中介费，平台的收益都很少。可以说，这种收费方式其实浪费了众筹的好模式。

人人投、众众投、众投天地等实体店股权众筹平台是这类模式的最典型代表。数据显示，以众投天地和众众投为例，至2015年8月，众筹融资额分别为7346.78万元与7343.00万元，在全国排名第11位和第12位。但如果按照从平台收取5%的佣金作为平台收益来计算，平台的收入就只有300多万元。可以想见，如果以中介费作为收入模式，全国100多家众筹平台的收益状况该多惨淡。

2. 股权回报模式的优劣对比

股权回报模式是众筹平台获得在其平台上成功融资的项目的部分股权作为回报收益，实际上是股权投资行为。有的平台不仅收取融资顾问费，还要求获得融资项目的部分股权；也有平台仅仅获取股权回报，而不收取其他中介费用。大部分服务于种子期、天使期的平台往往采取这种模式。实际上，现在大多数平台的普遍做法是将佣金模式和股权回报模式结合起来，收取佣金后将部分或者全部佣金作为资金投入到项目之中，获取比例不等的股权，以此来增加收益。但实质上的大改观还是未能出现。

该模式的优势是，它不仅能够在佣金之外增加回报收益，而且能够以此分析企业的预期，项目一旦成功做大，平台获利空间就比较大了。劣势在于，由于采用此模式的平台多是类似初创型的公司，退出股权获得收益往往无法短期内兑现，平台的现状还是难以改变。

我国前100名的富翁，没有一个不是靠原始股权投资的高回报成功的。百度在美国上市，最高每股达442.86美元，回报4000多倍，普通员工都是百万富翁；腾讯（QQ）上市获百倍回报；软银赛富投资完美时空获75倍回报，投资橡果国际获40倍回报；首批创业板上市的28家企业中，投资回报50～200倍。

3. 增值服务费模式的优劣对比

所谓增值服务费模式其实是股权众筹平台为众筹融资方提供各项创

业的增值服务，并对这些服务收取费用，主要包括创业孵化、财务、法务等服务。

该模式的优势是，交易匹配、撮合之外的增值服务，能够真正解决创业企业和项目的痛点。这种模式的收费可以算是未来股权众筹平台的主要收入来源和盈利点。劣势在于，创业孵化服务的成本较高，现阶段平台难以支持。目前，足以支撑此成本的只有京东等资本雄厚的大平台。

天使汇主要以互联网为手段，为中小微企业提供全生命周期的金融服务，从天使轮到A轮的在线众筹股权融资，再到B轮到C轮的“股权+债权”融资服务，最后到C轮Pre-IPO的股权转让服务和IPO的转板服务。服务对象多数是初创者，即将上线的工商快速变更系统与天使汇的投融资平台融为一体，所有手续全部在互联网上解决，实现一站式服务。该系统直接与工商局和银行连通，办理增资、减资、股权质押、分红等手续，由工商部门直接联网审核，可以减少中间代理环节，降低运营成本，提高办事效率。天使汇的盈利模式，总体上是基本服务免费，增值服务收费。主要包括：一是为企业提供融资服务，融资成功后收取财物顾问费用，为融资额的5%，并应向盛邦投资支付服务价款；二是提供信息化软件服务，比如公司治理软件等，收取较低额服务费用；三是提供增值服务和高级服务，联合第三方机构为企业提供更多的服务，比如法律服务、财物服务等。

股权众筹平台对项目的尽职调查

目前，股权众筹平台遇到的一个难题是尽职调查这个“短板”如何适应互联网化的挑战。虽然由于互联网技术的运用和社会化信用体系的建设，部分企业资料和情况已经通过网络进行上传和查证，但是大多数仍需要通过线下实地调查方式开展。

1. 股权众筹平台为什么能做尽职调查

鉴于不可能让所有投资人都到项目公司进行尽职调查，因此在实际工作中都是由中介机构或投资人代表来进行尽职调查的。在证券发行过程中，是中介机构的代表——保荐人来进行尽职调查的工作，而在私募的股权众筹过程中，尽职调查工作本应该由领投人负责，但是由于在实际操作当中，领投人往往在项目上线时还没有到位，而且项目选择和股权众筹的价格往往都是由股权众筹平台负责，实际上是股权众筹平台在做类似尽职调查的工作。

在项目公募投资过程中，保荐人负责尽职调查工作，在招股说明书中做出明确的背书和承诺：倘若项目在阐述分析和业绩预测的真实性、准确性和完整性上有问题，则负责尽职调查工作的保荐人必须承担相应的法律责任。与之相比，尽管在项目私募的过程中股权众筹平台并没有做类似的承诺，但是只要投资人发现负责尽职调查的股权众筹机构在项目阐述和分析中有误导投资人的表述和煽动冲动投资的行为，投资人都有权在项目发展达不到预计结果时，追究股权众筹平台的责任。相比之下，因为领投人参与了投资过程，同时还可以以自己判断失误的理由做出解释，而股权众筹平台不但没有投资，反而因为从投融资双方收取了一定的中介费，很容易被认定为有误导投资人的动机。

2. 股权众筹平台尽职调查对创业项目的影响

有些原来看去很有新意的股权众筹项目，待项目上线之后在进行尽职调查过程中也可能会发现一些问题，例如：项目的创新点不够突出；产品设计不清晰，不能针对目标客户群的痛点凸显新产品的作用；市场拓展的步骤与逻辑混乱，缺乏突出竞争优势的方法；欠缺明确的价值观，无法进行进一步的商业模式设计；不能在一个合理的基础上进行整体的项目规划，目标太大，又缺乏具体的阶段目标和实施的步骤；整合资源没有稳定的基础和方向。这些问题的存在，不但影响到投资人的投资意愿，而且也不利于创业项目的发展。

这些问题往往是由于早期的创业项目缺乏一个良好的创业导师，项目发展中明显地走过弯路，而股权众筹平台只是进行项目筛选，并没有义务也缺乏时间精力来承担创业导师的工作，领投人又不能及时到位，也无法完成创业导师的工作。因此利用互联网进行股权众筹投融资并不适合创业种子期的天使投资项目，而适合于那些已经有了创业导师并进行过产品设计和企业设计的建设期与成长期的创业项目。证监会在《私募股权众筹融资管理办法（试行）（征求意见稿）》中，通过合格投资者规模要求“投资单个融资项目的最低金额不低于100万元人民币的单位或个人”，将融资项目的规模限定为千万元级别的成长期和扩张期项目，也是有一定道理的。

发现问题之后，投资人可能的解决办法有以下几种：一是利用发现的问题与创业者重新进行价格谈判，利用进行创业项目的再设计的能力来有效降低股权众筹的价格；但是这样的做法明确否定了股权众筹平台前期的工作，不但难以为创业者所接受，也容易引起股权众筹平台的反感，造成与股权众筹平台关系的紧张，影响到其他项目的合作。二是保持对这个创业项目的密切关注，倘若项目股权众筹失败，则投资人可以“乘虚而入”，与创业者进行谈判，重新进行项目设计工作；但是这样做，可能会因为耽误了较长时间，从而错过了项目发展的机遇。三是即使项目众筹成功，但是经营不够顺利，一直关注该项目的投资者利用再次进行股权众筹的机遇，在项目上线之前介入，不但进行产品和项目的再设计，而且还获得再次融资时的低价格机遇；然而这样的时间更长，市场变化更加不确定，可能会错过投资机会。四是干脆放弃这次机会，寻找其他的机会，似乎在实际运作过程中，大多数投资人都做出了这样的选择。

3. 股权众筹平台如何做尽职调查

目前，股权众筹平台所上线的项目，大多数公司融资属于早期的创业投资范畴，如种子期投资、天使投资和风险投资，公司基本上处于始创阶段。这种类型公司的特点是，公司成立时间短，对外发生的业务规模较小，资产结构简单，固定资产较少，公司内部的运行不规范，等等。针对这种情况，股权众筹平台尽职调查的重点和目标也应随着这类公司的类型和早期创业投资的特点进行调整。

在公司股权结构和法人治理的尽职调查中，调查的重点是，查证公司章程中决策机制和程序，股东代持、团队持股和股权奖励安排等问题和关键点。因为创业类型公司的股权结构对公司的经营决策和日后的发展影响很大。另一个重点问题是团队持股和股权奖励，这个问题对投资人考察融资公司的团队建设和公司价值评估具有重要的影响；而现实中，许多创业公司在团队持股和股权奖励安排上处于口头共识的阶段，这需要在尽职调查中了解和查证是否通过法律文件和手段落实在公司章程和有效法律文件上，具有法律效力。

针对资产完整性的尽职调查，主要是了解和调查公司无形资产，如知识产权，重点调查公司知识产权来源和权属情况，一些公司的知识产权经常存在以知识产权许可代替无形资产出资，由此会造成公司知识产权的不完整。另外，一些公司在产品和技术开发外包时，法律意识淡薄以及相关措施不力，也容易造成公司知识产权流失的隐患，这些情况是需要平台及第三方机构重点关注和查证的。

在针对公司债务进行调查时，重点是了解和查证公司与股东的往来和债务关系。由于历史的原因，一些公司在初期运营时，将部分成本费用记在股东公司项下而形成公司与股东之间的一部分债务关系。另外，股东公司也经常会在公司初创期间，为公司提供贷款和借款，这些会造成一部分债务关系。针对公司的法律诉讼的尽职调查，要注意公司在经营初期，由于自身的法律意识淡薄和不正当竞争所造成的法律风险和诉讼。初创公司经常发生的法律问题，是由于侵犯其他公司的知识产权、在竞争中违反了相关法律、采取了不正当的竞争行为而造成的，这些行为都容易造成法律隐患和引起诉讼。另外，有的初创公司在市场运作中，为了短期的利益和应付竞争压力，不惜采取各种行贿的手段来达到经济目的和击败竞争对手，这些行为已经触犯国家刑法，股权众筹平台需要特别注意。

在尽职调查中，比较难以把握的是公司经营团队的调查，因为公司的经营团队在投资人判断一个初创公司价值和投资决策中占有最重要的地位，而对人的判断，除了一些必要的资料外，尚没有一种可行的方法能对经营团队成员进行科学的判断和评价，这主要依托调查团队人员的经验积累。目前主要的调查方法是，对所有经营团队成员进行个别访谈，同时对相关的公司员工也要进行抽样访谈。要准备好针对每个经营团队成员和相关员工访谈的问题提纲，每次访谈应该准备不少于20个关键问题。在被调查企业至少要坚持连续一周的时间，并保证按时至被调查公司上班，要对5个以上的部门进行访谈，大型企业需要访谈的部门数量相应地多一些。尽职调查团队在对公司经营团队成员的履历进行核查时，要关注与其履历证明人的沟通，特别要调查团队成员的违法记录、道德和信用瑕疵情况。

股权众筹平台不仅要在尽职调查中调整关注的重点，而且还要在调查模式上做出突破。一方面，采用社会化分工的方法，可以与投资中介服务机构，如律师事务所、会计师事务所和第三方信用评估机构等，委托或合作进行尽职调查。一方面，要加强对平台合格投资人的尽职调查培训，让这些投资人掌握尽职调查的方法、标准和程序，这也是股权众筹平台在尽职调查工作中不可忽略的力量。投资人由于与自身利益休戚相关，只要组织方法得当，是完全可以借用这部分力量来补充尽职调查的力量。

设立契约型私募股权投资基金的相关规定

契约型投资模式并不是一个新生事物，《中华人民共和国证券投资基金法》（以下简称《基金法》）调整下的公募基金便是依据契约方式组建的，占据着私募投资基金半壁江山的信托计划、基金公司资管计划、券商资管计划也是如此；而有限合伙仅在PE投资基金和嵌套型投资基金中比较常见。因此，契约型投资模式已经是各类基金的常态形式，而公司和合伙企业反倒是基金的一种特殊形式。

从法律关系上看，契约型投资模式建立在由领投人、跟投人和股权众筹平台共同签订的投资协议的基础之上，根据投资协议，跟投人通过购买领投人在股权众筹平台上发行的私募基金份额等方式，将投资资金委托给股权众筹平台后，便丧失了处置权和表决权，仅作为受益人享有基金的受益权；领投人作为项目基金的投资顾问，扮演的是基金管理人的角色，有权以自己的名义将契约型集合财产用于股权投资；股权众筹平台作为托管人，以单项契约型基金名义开立独立核算的银行及证券账户并进行托管，且与其他基金财产账户相独立。

那么，如何依法在股权众筹平台设立一项契约型私募股权投资基金？

1. 证券投资基金业协会关于领投人登记和基金备案制度

根据《私募投资基金监督管理暂行办法》第五条规定，设立私募基金管理机构和发行私募基金不设行政审批，允许各类发行主体在依法合规的基础上，向累计不超过法律规定数量的合格投资者发行私募基金。但私募基金管理人必须按照《私募投资基金管理人登记和基金备案办法（试行）》和《私募投资基金监督管理暂行办法》第二章等法律法规的相关规定，完成管理人的登记和基金的备案工作，即向基金业协会申请登记并成为该协会会员，且在基金募集完毕后，向基金业协会办理备案手续，此外还要定期更新管理人及其从业人员的有关信息，报送所管理私募基金的投资运作情况和年度财务报告等。

股权众筹平台上的领投人向跟投人发行契约型私募股权投资基金前，同样需要在基金业协会官网上办理基金管理人的登记手续；基金募集完成后，领投人应向基金业协会登记备案该契约型股权投资基金。

2. 领投人必须满足合格投资者的条件

根据《私募投资基金监督管理暂行办法》第十二条的规定，合格投资者是指："具备相应风险识别能力和风险承担能力，投资于单只私募基金的金额不低于100万元人民币且符合下列相关标准的单位和个人：（一）净资产不低于1000万元人民币的单位；（二）金融资产不低于300万元人民币或者最近三年个人年均收入不低于50万元人民币的个人。"

《私募股权众筹融资管理办法（试行）（征求意见稿）》第十四条规定："私募股权众筹融资的投资者是指符合下列条件之一的单位或个人：（一）《私募投资基金监督管理暂行办法》规定的合格投资者；（二）投资单个融资项目的最低金额不低于100万元人民币的单位或个人；（三）社会保障基金、企业年金等养老基金，慈善基金等社会公益基金，以及依法设立并在中国证券投资基金业协会备案的投资计划；（四）净资产不低于1000万元人民币的单位；（五）金融资产不低于300万元人民币或最近三年个人年均收入不低于50万元人民币的个人，上述个人除能提供相关财产、收入证明外，还应当能辨识、判断和承担相应投资风险；（六）证券业协会规定的其他投资者。”领投人作为单项私募股权投资基金的主要投资者，理应满足这些条件限制。

3. 关于跟投人的合格投资资格

由于《私募投资基金监督管理暂行办法》的监管对象主要是以投资组合为核心内涵的传统基金模式，所以在对合格投资者划定标准时，没有兼顾股权众筹领域“领投+跟投”模式的特殊性，未对合格投资者进行区别对待。《私募股权众筹融资管理办法（试行）（征求意见稿）》在此问题上简单套用现行做法，也未区分领投人和跟投人的资格标准，造成标准不仅过高而且不合理的现实困境，实属监管手段和立法技术层面的缺憾。但在实践中，将领投人与跟投人的合格标准进行分类已经成为各股权众筹平台的普遍做法，且这种区分并不仅限于财务状况的不同，而是围绕各平台的经营理念、管理模式、目标对象等参数，制定符合自身定位的合格投资者标准。这种做法显然存在较大的违规隐患，相对现实的选择是，在合格领投人的标准设定上坚持遵照《私募投资基金监督管理暂行办法》和《私募股权众筹融资管理办法（试行）（征求意见稿）》中关于合格投资者的规定，而在合格跟投人的标准设定上适当融入各平台合理的侧重参数，以达到兼顾实际效果与监管原则的目的。

4. 领投人与跟投人签订投资协议

仅需通过投资协议中的约定就能确定各方法律关系，是契约型投资模式的最大优势，因此，领投人与全体跟投人签订的投资协议也就成了重中之重。投资协议的具体内容需要参照《基金法》第九十三条以及《中华人民共和国信托法》（以下简称《信托法》）的有关规定。通过这样一纸契约，领投人与跟投人之间的权利义务关系得以明确，契约型基金得以合法诞生，投资决策、投后管理和退出机制得以确定，利益分配的原则和方式得以体现，领投人的管理费用也得以约定。

值得在此一提的是，契约型私募基金通常采用类似承包的方式支付给领投人一笔固定的年度管理费用，如果领投人的年度管理费用超过了这笔数额，投资者将不再另行支付。如此重要的法律文件，只有审慎对待其中的每一个细节问题，才能确保整个投资计划合法合规地落实到位。

5. 领投人、跟投人与股权众筹平台签订托管协议

通常情况下，托管协议是以投资协议中的托管条款的形式存在的，即投资协议由领投人、跟投人和股权众筹平台共同签订，平台作为托管人的权利义务范围被直接列明在投资协议中；当然也可以经单项契约型投资计划中的跟投人同意，由领投人与平台另行签订托管协议。托管协议签订后，平台应以单项契约型基金名义开立独立核算的银行及证券账户并进行托管，且与其他基金财产账户相独立。

尽管《私募投资基金监督管理暂行办法》第二十一条规定："除基金合同另有约定外，私募基金应当由基金托管人托管。基金合同约定私募基金不进行托管的，应当在基金合同中明确保障私募基金财产安全的制度措施和纠纷解决机制。"就是可以通过投资协议排除托管，但托管是将单项投资计划的集合财产与领投人财产相区别的重要方式，如果不进行托管，集合财产很容易被监管层认为与领投人财产混同，进而否定集合财产的独立性，而这对于领投人而言将意味着，投资风险是否能在集合财产与其自有财产之间有效隔离，以及集合财产及其投资收益是否会被视作领投人的财产及收益进行征税，这些都将处于不确定的状态之中。

从维护资金安全和保护跟投人利益方面看，契约架构中可设定委托人、受托人和托管人三方分离的制度安排，领投人作为受托人可以发出指令对资金加以运用，但必须符合投资协议的约定，否则托管人有权拒绝对资金的任何调动；反之，如果没有领投人的专门指令，托管人则无权动用资金。此外，还可设置监察人对基金的管理运用进行监督和制约，这是保障资金安全的又一重要制度安排。

6. 退出机制灵活，流动性强

契约型投资模式的一大优势就是拥有灵活便捷的组织形式，在合法合规范围内，领投人与跟投人可以在投资协议中自由做出各种约定，以满足双方的特定需求，实践中往往会将这一优势用于解决极为重要的退出机制上，即投资协议中可以设有专门条款约定跟投人的灵活退出方式，因为身处同一投资计划中的不同跟投人之间没有相互制约的关系，部分跟投人发生变动不会影响该投资计划存续的有效性。原跟投人完全可以通过股权众筹平台以买入价把受益权转让出去，以解除投资协议关系，抽回资金；新跟投人也可以在平台上以卖出价从原跟投人手里买入受益份额进行投资，与领投人建立投资协议关系。未来允许通过交易平台转让契约型基金份额的可能性也较大，必将进一步提高基金份额的流动性。

7. 关于税收

契约型私募股权投资基金同其他资产管理业务一样，在个税征收上暂无统一明确的税收政策，目前主要参照《财政部、国家税务总局关于证券投资基金税收政策的通知》（财税〔2004〕78号）、《财政部、国家税务总局关于企业所得税若干优惠政策的通知》（财税〔2008〕1号）、《财政部、国家税务总局、证监会关于实施上市公司股息红利差别化个人所得税政策有关问题的通知》（财税〔2012〕85号）等相关法律法规执行。契约型私募股权投资基金作为一笔集合财产，没有法人资格，不被视为纳税主体，实务中一直比照市场上发行的资管类产品，包括各类信托产品、券商资管计划、期货资管计划、基金子公司资管计划等，按照20%的税率征收个人所得税，由于信托公司、证券公司、期货公司、基金子公司等均不会进行代扣代缴个人所得税，而是采取个人投资者自行申报的缴税方式，所以契约型私募股权基金只需在投资收益的分配环节，由受益人自行申报并缴纳所得税即可。值得一提的是，对于各类资管产品的征税盲区，据悉证监会也在联合财税部门，希望能够推动统一明确的税务政策的出台。

8. 关于登记备案的若干维度

契约型股权众筹投资模式涉及四种不同类型的登记备案制度：股权众筹平台需要在证券业协会登记备案，领投人和基金需要在基金业协会登记备案，包括领投人和跟投人在内的投资者需要在股权众筹平台登记备案，此外，还涉及备受关注的工商登记备案。如果说投资者在股权众筹平台上的登记备案解决的是投资者内部权利义务关系，那么工商登记备案解决的则是投资者对外进行股权投资的名分问题。

证监会和基金业协会的官员在公开媒体上曾提出，证监会正在努力推动契约型基金作为未上市公司股东进行工商登记的解决措施。实践中已有苏州、盐城等地的工商部门借鉴资管计划和信托计划的做法，将契约型基金的管理人登记为所投非上市公司的股东，但实际享有股东权利的是基金而非管理人。

这种做法当然可以复制到契约型股权众筹投资模式中来，但要解决两个方面的疑问：其一，是否会给领投人带来潜在的税务风险，即如果工商部门将领投人登记为项目公司的股东，契约型投资计划从项目公司获得分红利息或资本利得退出时，这部分所得是否会被认为是领投人的收入。《基金法》第五条已经明确规定了基金财产是独立于管理人自身的财产的，管理人运用基金财产所获得的投资收益归属于基金财产，而不能归属于管理人。因此，只要能够确保集合财产不混同于领投人财产，这就不是问题。其二，是否构成股权代持关系，是否适用隐名股东和显名股东的相关规定，最终的股东权利由谁享有。

9. 关于股权代持

事实上，上述方式并不是《公司法》所定义的典型的股权代持关系，因为契约型股权众筹模式的基础法律关系本质上是一种信托关系，根据信托关系的定义，契约型股权众筹模式中的领投人完全可以以自己的名义，为受益人（跟投人）的利益或者特定目的，对委托财产（契约型基金）进行管理或者处分。因此，领投人以自己的名义，代表契约型基金去持有项目公司的股权或者合伙企业的合伙份额，以及在出于保护跟投人利益的前提下以自己的名义行使相应的股东权利或合伙人权利，与基于合同法律关系的股权代持行为，在基础法律关系上是有本质区别的。目前部分工商局所采用的，由契约型基金管理人代表契约型基金作为公司股东或合伙企业合伙人的方案，并不违反《信托法》《公司法》《合伙企业法》所确定的法律规则，值得在实践中推广，进而复制到股权众筹领域。如果工商登记的名称能够扩展为“契约型基金管理人（代契约型基金持有）”，在直观性上更贴近真实的法律状态，这一形式在资管计划投资私募股权领域已经被部分地区的工商局所采用，资管计划管理人代资管计划持有公司股权，其登记的股东名称即为“管理人（代资管计划持有）”。

10. 关于投资者人数上限

这个问题应该是最令私募投资从业者头痛的问题，但这恰恰是契约型投资模式的优势所在。根据基金业协会关于私募基金登记备案的指导意见，契约型私募基金的投资者人数上限为200人，而有限合伙的投资者人数上限仅为50人，这在募集范围上的差距已经相当大了，但与互联网金融小额分散的本质特点相比，却又微不足道。如何合法合规地突破最终募集人数上限，可能是所有互联网金融从业者最希望得到的“秘籍”。

根据《私募投资基金监督管理暂行办法》第十三条的规定：“以合伙企业、契约等非法人形式，通过汇集多数投资者的资金直接或者间接投资于私募基金的，私募基金管理人或者私募基金销售机构应当穿透核查最终投资者是否为合格投资者，并合并计算投资者人数。但是，符合本条第（一）、（二）、（四）项规定的投资者投资私募基金的，不再穿透核查最终投资者是否为合格投资者和合并计算投资者人数。”

前述三项规定的具体内容为：一是社会保障基金、企业年金等养老基金，慈善基金等社会公益基金；二是依法设立并在基金业协会备案的投资计划；三是中国证监会规定的其他投资者。因此，经在基金业协会备案的契约型私募股权投资基金，投资到私募基金的，可以不再穿透核查和合并计算人数。

股权众筹触摸新三板下的三种结合方式

股权众筹与新三板嵌套共生，对于“草根”投资者意义重大。这意味着个人投资者开始具备更多机会和更畅通的渠道来接近新三板。请看下面的两个例子：

一个例子是，以黑马岛为主要平台的北京中控智联科技股份有限公司（以下简称"中控智联"）致力于打造中国领先的互联网金融综合服务生态平台，国内第一家为中小企业开展股权众筹服务的上市公司，开创股权众筹对接新三板先河。"我们的目标是，为有潜力的中小企业提供融资渠道，主要的商业模式可以简化为：黑马岛领投+众筹O2O+黑马岛商学院。"黑马岛创始人兼总裁陆茂华说。

黑马岛已经在北京举行数场项目和投资对接活动，国内知名投资人到现场对项目进行评估、定价、投资。已现场路演项目超过30个，多个项目得到包括黑马岛在内的投资方青睐。黑马岛设立了1亿元的领投基金，如果项目好，黑马岛领投10%，以进一步撬动跟投人的资金，带动VC机构跟投50%，剩余的40%向具备投资能力的投资人去募集。

在黑马岛主要运营环节中，黑马岛商学院颇具特色。该商学院采取全免费的形式，旨在让融资成功后的企业家及投资人共同组成一个资源共享的平台，互相学习，整合渠道资源。同时，商学院还引进著名投资人、企业家定期为创业企业进行辅导培训，帮企业把脉问诊。黑马岛运营方中控智联成立于2006年10月，于2012年3月完成股份制改革，并于2012年5月在新三板成功挂牌，2015年5月公司进行战略转型。借助上市公司的优势，黑马岛能够实现快速融资，打造品牌影响力，有望迅速成为行业内首屈一指的股权众筹平台。

对此，有业内专家认为，企业通过股权众筹可以撬动更大的资金量，获得更多收益，且起到股权激励的作用；股权众筹在互联网企业中推广，有利于互联网企业的迅速发展，同时对"互联网+"也有重要的推动作用。股权众筹能够通过互联网平台为互联网企业筹集到可观的资金，并且能够在股权众筹过程中增强市场的影响力和知名度。中控智联开展股权众筹对接新三板，将为众筹资金提供一种退出机制，是一种有益的尝试。

另一个例子是，2015年2月，新三板挂牌企业北京华人天地影视策划股份有限公司（以下简称“华人天地”）发布公告，公布“股票发行方案”，向包括著名导演、制片人张纪中在内的4名投资者定向发行股票，发行数量不超过230 万股（含230万股），预计募集资金总额不超过2760万元（含2760万元）。其中，值得关注的是，深圳市众投一邦投资企业（有限公司）（以下简称“众投一邦”）出资1788万元，认购华人天地149万股。以上所述是常规套路。稀有的是，华人天地此次发行股票采用了股权众筹模式，并设置了保证50%收益率的股权回购条款。

早在2013年5月，华人天地便与现股东东莞市国富股权投资企业（有限合伙）签订过类似的业绩补偿协议，约定华人天地2013年和2014年年度合计净利润未达2800万元，股东张津应进行现金补偿，股东刘华、郭菁和张俊锋承担连带清偿责任。而彼时华人天地并未兑现业绩承诺，双方签署补充协议，决定暂时不进行现金补偿。

为确保2015年2月的这次股权众筹顺利实现，华人天地设置了回购条款，以保障投资人的收益，增强投资者的信心。华人天地“股票发行方案”在“发行价格”部分显示：“发行价格为每股人民币12.00元。本次发行价格综合考虑了公司所处行业、成长性、市盈率及公司股份在全国中小企业股份转让系统交易价格等多种因素，并与投资者沟通后最终确定。公司目前在册股东承诺，本次发行后，公司2015年年度扣除非经常性损益的税后利润将不低于2500万元。如未能实现上述经营业绩，由公司控股股东张津以每股人民币1800元价格回购本次对张纪中、深圳市众投一邦投资企业（有限合伙）、深圳市文投国富投资企业（有限合伙）发行的股份，除深圳市众投一邦投资企业（有限合伙）、东莞市国富股权投资企业（有限合伙）、于绍钧之外的其他在册股东承担连带清偿责任。”

事实说明，站在股权众筹平台上触摸新三板，打通股权众筹与新三板之间的通路，或将成为“草根”投资者在这个生态圈中的重要生存方式。

1. 股权众筹为什么适合对接新三板

很多人认为众筹是一种金融模式，其实众筹中只有股权型众筹和债券型众筹属于金融或者资本层面的，捐赠型众筹和回报型众筹更多是停留在产品运营的层面。简单地说，股权众筹是融资方以出让一定比例股份的形式，向多数投资者进行融资，投资者投资入股并以股份或分红的形式获得收益。股权众筹依托互联网平台，进行线上线下的融资活动，投资者的门槛相对较低，部分股权众筹平台的投资最低要求在10万元左右；而新三板的投资门槛较高，投资最低要求500万元，个人投资者的资金至少要在1000万元以上才敢参与，对于中小投资者而言，难度较大，但新三板的超额利润又让中小投资者跃跃欲试。

股权众筹具备了进入新三板的基础。股权众筹的操作模式无外乎基金模式和合投模式。对于基金模式，投资者选择项目并进行投资，融资结束后，由众筹平台成立基金并作为单一股东持股企业。投资者个人参与新三板时，资金和抗风险能力都比较弱，但众人拾柴火焰高，多个投资者参与自然就降低了风险和资金压力。不过国内法律有限制，目前不允许众筹平台替投资者持股，这种基金模式在国外发展得相对成熟，但国内也有类似的模式可以规避风险。合投模式是国内较流行的股权众筹模式，采用“领投+跟投”的方式，领投可以是资深天使投资人，也可以是众筹平台，这种模式非常适合参与新三板投资。一方面，股权众筹平台很难筛选优质项目，而新三板上市的企业总体资质不错，这在一定程度上降低了多数投资人的风险。另一方面，对于天使投资人而言，过去他们投资上市企业个人投入资金量大、风险大，而借助股权众筹平台，他们可以拿出部分资金进行领投，引导更多中小投资人跟投，同样的资金量，他们可以投资更多企业，分散风险的同时，提高了资产回报率。

另外，股权众筹是一个依托于互联网的金融平台，在投融资对接上有广泛的传播性和共享性，为新三板企业提供新的渠道，也为中小投资者提供相对稳定的投资方式。

2. 股权众筹与新三板结合的方式

上海交通大学互联网金融研究所联合京北智库共同发布《2015中国股权众筹行业发展报告》显示，截至2015年7月，全国股权众筹平台有113家。另据清科研究中心最新推出的《2016年中国股权众筹市场研究报告》显示，截至2015年年底，中国股权众筹平台数已有141家。部分平台已经走上了与新三板结合的康庄大道，比如众投邦、天使汇、原始会等。

股权众筹参与到新三板的方式也是多样的，可以挂牌之前入股定增，在挂牌后退出；如果未挂牌成功，可以要求大股东选择回购，并承诺固定收益，甚至可以签订“对赌协议”，如伟恒生物在原始会平台上推出的股权众筹与新三板挂牌前定增相结合的项目，伟恒生物通过众筹平台发行定增，投资者可以以较少的资金成为伟恒生物的股东，且股权无锁定期，企业挂牌后，投资者就可以直接交易，流动性较强。

从融资主体上划分，将股权众筹与新三板结合的方式分为三种：

第一种是基金公司建立新三板领投基金，并将领投基金放在股权众筹平台上进行资金募集，领投基金与投资者以有限合伙的形式参与到新三板企业中，参与拟挂牌企业的定增、挂牌企业的定增、股权转让等形式，这种方式本质上给基金公司开辟了一种新的融资渠道。

第二种是众筹平台发行投资新三板的基金产品，由众筹平台领投，投资者跟投，也以有限合伙的形式将资金投入新三板企业中，这种方式规避了众筹平台替投资者持股的法律困境。

第三种是拟挂牌新三板企业或已挂牌新三板企业在股权众筹平台上直接转让部分股权或者发行定增项目，投资者可以直接参与，并在未来流通中获得资本溢价。

3. 投资者成功退出的方式

投资者无论是以股权众筹的方式参与新三板，还是直接参与新三板，最终的目的都是为了成功退出，获得丰厚的盈利。很多人因新三板企业估值倍增而眼红，倍增就意味着财富的增加吗？这就好比有人花钱买了房子，用资金换得房产，之后房价不断上涨，他认为自己的财富增加了，其实房产只要没有再转换成资金，房子没有卖出去，财富是没有实质增加的。就像2008年的金融危机时期，很多企业倒闭并非经营业务不好，而是它们把本该投入到企业中的资金投入到房产、矿产中，尽管资产在上涨，它们的财富好像也在上涨，但无法成功退出换取资金，最后企业资金链断裂，企业倒闭。因此，寻找投资者退出方式尤为重要。

通过股权众筹参与拟挂牌新三板企业的投资者，多是在企业上市后在资本市场上退出，可以是协议转让，也可以在做市商的帮助下进行交易，套现退出。风险抵抗力强的投资者可以在企业被并购或者转板走上IPO后，套现退出，但转板对企业资质要求极高，通常需要3～5年的时间，成功率相对较低。

还有一种方式是企业与投资者签订回购协议，承诺投资者投入的资金在一定期限内会被返还，并获得分红，回购协议本质上是一种债券模式，最终返还本金和利息，只是通过股权众筹平台进行的。但对于投资者而言，收益稳定，风险低。

我国正掀起一轮新的创业浪潮，金融市场也逐步开放，股权众筹与新三板的结合，不仅为初创企业提供资金支持，也整合了更多优质的资源，让更多的创业者实现创业梦。在这个转型的过程中，股权众筹也从服务初创型企业向服务成长型企业转型，相信未来将诞生更多的BAT（中国互联网公司三巨头：百度、阿里巴巴、腾讯）！

第五章

理性投资：要做投资人，需避开五个陷阱

股权众筹面临的法律问题，现在更主要地转向了操作层面，即股权众筹如何操作，如何平衡众筹股东和众筹公司的利益。由于这一层面未妥善解决，已经衍生出实际的纠纷。事实上，除了股权众筹的法律问题，股权众筹如何赢利，有些操作实际上已经带你入陷阱。玩家们要注意股权众筹的五个陷阱，避开陷阱，看清再投资。

股权众筹

——“互联网+”时代速融新模式

陷阱一：股东身份没有直接体现

股权众筹，既然是“众”筹，就说明股东数量非常多。不过，《公司法》规定，有限责任公司的股东不超过50人，非上市的股份有限公司股东不超过200人。法律对公司股东人数的限制，导致大部分众筹股东不能直接出现在企业工商登记的股东名册中。这一问题的解决方案一般有两种：一是委托持股模式，二是持股平台模式。但现实中这两种方式都存在股东身份没有直接体现的问题。

1. 委托持股模式下的股东身份问题

对于委托持股模式，众筹股东的名字不会在工商登记里体现出来，只会显示实名股东的名字。尽管法律认可委托持股的合法性，但是还需要证明众筹股东有委托过实名股东。这种委托关系，是众筹股东和实名股东之间的内部约定。如果这种约定没有书面文件，或者其他证据证明，众筹公司和实名公司一旦不认可众筹股东的身份，众筹股东有口难辩，根本无法证明“我就是这个公司的股东”，或者“他名下的股份其实是我的”。

委托持股存在许多法律风险，实务中，实际出资人、名义股东都需慎之又慎，全面考虑，尽量控制法律风险的产生。其中最重要的是明确哪些股东拥有股东权利，拥有的是哪些权利，最典型的就是如果分红的话是不是最后还是实际持有股东享受到了收益。这个问题分两个层面来看：一是如果是委托人实际享有权益，那么可以作为委托持股的有力证明；二是如果委托持股期间受托人损害了委托人的利益，那么这些风险也需要解除并且要明确核查。

2. 持股平台模式下的股东身份问题

对于持股平台模式，众筹股东与众筹公司之间隔了一个持股平台，众筹公司股东名册里只有持股平台，没有众筹股东。因此，众筹股东与众筹公司之间的关系是间接的，身份也相对隐晦，对众筹公司几乎无法产生直接的影响。很多公司的全员持股计划，实际上也是一种股权众筹。但有的全员持股公司如华为，员工也仅持有一种所谓的“虚拟受限股”，可以获得一定比例的分红，以及虚拟股对应的公司净资产增值部分，但没有所有权、表决权，也不能转让和出售，更谈不上体现股东身份。

持股平台可以是有限责任公司，也可以是有限合伙。现在，很多众筹发起人开始倾向于把有限合伙作为持股平台。众筹股东作为有限合伙人，众筹发起人作为普通合伙人。按照合伙企业法，通常有限合伙人不参与管理，由普通合伙人负责管理。这样，众筹发起人就可以以其普通合伙人的身份，管理和控制持股平台，进而控制持股平台在众筹公司的股份，也就实际上控制了众筹股东的投资及股份。

陷阱二：股东无法参与公司经营

在很多众筹项目中，众筹股东虽然是公司股东，但是几乎很难行使公司股东的权利，基本上都不能亲自参加股东会、参与股东会表决和投票。

1. 股东无法参与公司经营的表现

从众筹公司角度，如果每次股东会都有几十或上百人来参加，对协调和决策都会造成很大障碍。组织上百人参加的股东会将会非常艰难；在股东会召集前，确定可供讨论的议题，也会因为人多嘴杂，难以达成共识；好不容易组织起来股东会后，因为七嘴八舌众口难调，想要过半数通过任何表决都会困难重重。所以，众筹股东都参与决策，会严重削弱公司决策效率。现实操作中，很多众筹咖啡馆都遭遇过因为“一人一句”决策权混乱，而面临散伙的窘境。

但是，如果不尊重众筹股东的参与决策权，众筹股东的利益又很难得到保障。众筹公司收了股东的钱，不为公司办事，不好好经营，或者经营好了把公司资产挪为己有，这种做法也并不罕见。所以，不妨参照上市公司的做法，至少要保证众筹股东对众筹公司的经营情况有知情权，众筹公司也应当有完善的信息披露、法律和审计等第三方监督的机制。同时，在必要的情况下，众筹股东也最好有提议乃至表决罢免众筹公司负责人的权利。

2. 不参与公司经营的股东如何保护自身权益

部分股东出钱不出力，不过问公司的日常经营事务，这类股东的利益保护，除了有赖于公司管理人恪守职业操守外，相应的制度设计和充分行使股东权利也是非常有必要的。如表5–1所示。

表 5–1　不参与公司经营股东的自身权益保护措施

措施	实施要领
在章程中对特定事项提高表决门槛	《公司法》规定股东会会议做出修改公司章程、增加或者减少注册资本的决议，以及公司合并、分立、解散或者变更公司形式的决议，必须经代表2/3以上表决权的股东通过，而对其他事项决议的表决方式则由公司章程规定。非管理股东可以利用该规定，要求提高对股东权益会产生重大影响事项的决议的表决权数，从而实现非管理股东对此类事项有话语权

续表

措施	实施要领
查阅相关财务资料	要求定期提交财务报表，如有疑问可要求查阅公司会计报告及账簿。为掌握公司财务状况，可在章程或以股东决议的方式设定公司向非管理股东提交财务报表及营业状况报告的周期，如每季度或每个月均可。如对报告内容有疑问，股东可以要求查阅公司会计账簿，依《公司法》规定，公司如拒绝提供查阅，应当自股东提出书面请求之日起15日内书面答复并说明理由。此时，股东可以请求人民法院要求公司提供查阅，此为股东的知情权
盈余分配请求权（股东分红权）	如果分配方案股东会已经通过，而公司不予执行，则股东完全可以起诉公司要求履行给付。如果盈余分配方案未经股东会通过，则须慎重审查是否符合以下三个条件：其一，公司提取任意公积金是否具有必要性；其二，公司提取任意公积金是否具有合理性；其三，公司提取任意公积金是否符合股东平等原则。若不符合三个条件，则股东可向法院请求强制公司按公司章程或法律规定进行分派股利
提议召开股东大会	股东会定期会议应当依照公司章程的规定按时召开。代表1/10以上表决权的股东，1/3以上的董事，监事会或者不设监事会的公司的监事提议召开临时会议的，应当召开临时会议。会议召开前，应以书面形式通知各股东，告知开会的具体时间、地点、要求审议的事项等
通过股东代表诉讼追究董事、高级管理人员的责任	董事、高级管理人员有损害公司利益行为的，有限责任公司的股东、股份有限公司连续180日以上单独或者合计持有公司1/100以上股份的股东，可以书面请求监事会（或监事）向人民法院提起诉讼；监事有损害公司利益行为的，前述股东可以书面请求董事会（或执行董事）向人民法院提起诉讼。监事会（或监事），董事会（或执行董事）收到前款规定的股东书面请求后拒绝提起诉讼，或者自收到请求之日起30日内未提起诉讼，或者情况紧急、不立即提起诉讼将会使公司利益受到难以弥补的损害的，前款规定的股东有权为了公司的利益以自己的名义直接向人民法院提起诉讼，追究董事、高级管理人员的责任

续表

措施	实施要领
行使退股权	股东退股应满足三大法定情形：长期不分红，公司合并、分立、转让主要财产，公司生命的延展。只要退股股东有证据证实自己对决议投反对票，即可自股东会决议通过之日90日内向法院提起合理价格的退股诉讼。对合理价格的确定问题，退股股东可以请求法院指定具有法定资质的资产评估机构评估股东退股之时的净资产。依据净资产和退股股东所持股比例，就可计算出价格
解散公司请求权	公司经营管理发生严重困难（例如：公司持续两年以上无法召开股东会或者股东大会，持续两年以上不能做出有效的股东会或者股东大会决议，董事长期冲突且无法协调，等等），继续存续会使股东利益受到重大损失，通过其他途径不能解决的，持有公司全部股东表决权10%以上的股东，可以请求人民法院解散公司。实践中，尽管要求法院判令解散公司较为困难，但从解决问题从发，逼迫大股东让步来说，确实是一种杀手锏

陷阱三：股东无法决定是否分红

股东分红是涉及股东切身利益的实际问题，但现实中存在股东无法决定是否分红的风险。如果法律没有规定强制分红，那么众筹股东只能自己保护自己，最好要在公司章程中约定强制分红条款，即如果有税后可分配利润，每年必须在指定的日期向众筹股东分配。

1. 股东无法决定是否分红的表现

众筹股东参与众筹，很多时候是看中众筹公司的赢利能力。为什么现在人们愿意参与众筹？房地产投资已经不是最好的时机，股市有风险，理财产品收益率比储蓄高不了多少，P2P贷款也经常听到携款跑路的消息；而股权众筹，投资项目看得见、摸得着，收益率相对会更有保证，因此很多人愿意参与股权众筹，也非常期待公司分红。可是《公司法》并未规定公司有税后可分配利润就必须分红。利润分配方案要股东会表决通过了，才会根据这个方案向股东分配红利。如果股东会没有表决通过，或者股东会干脆就不审议这个议题，即使公司账上有大笔的税后利润，众筹股东也拿不到分红。众筹公司完全可以以“税后利润要用于公司长期发展的再投资”的理由把众筹股东推到千里之外。

2. 股东无法决定是否分红的解决思路

股权众筹获得股东分红会在投资前有分红协定。一般都是按照股权的所占比例对应进行分红。因此要做好项目的融后管理和按期分红，如果在制度设计上能够充分加以注意，这个问题不难找到解决的途径和办法。具体来说，可以采取以下创新图变思路。如表5–2所示。

表 5–2 股东无法决定是否分红的创新图变思路

思路	实施要领
分红权转让	在项目实现盈利3个月后，非公开股权融资的合伙企业的有限合伙人可以将自己名下股权的未来一段时间的股份收益权即合伙企业的分红权，通过在平台上发布信息，向同平台的会员进行转让
收益权转让	收益权转让期间，如涉及合伙企业对外转让财产、对外担保、重大款项支付、分红等可能影响受让人分红权的事宜时，出让方应在进行合伙人表决前提前告知受让方并征求受让方的意见。股份收益权的投资者，购买的是一定时间内的部分股权。由于出让股东并没有放弃持股权，约定期限的收益权转让不需要征得其他股东同意，因而也无须到工商部门变更备案，只要在合伙企业备案转让协议和变更分红账号即可，大大简化了转让程序

陷阱四：不明众筹性质随意入股

不明股权众筹性质随意入股是股权众筹投资者的大忌，如果事先没有对股权众筹活动的各方面情况进行深入、全面的了解，甚至不熟悉股权众筹本身这种投资方式，那么必将使自己的利益受到损害。

1. 不明众筹性质随意入股的现象

现实的股权众筹中，发起人与众筹股东存在或近或远的亲朋好友关系，操作起来常常会很不规范。比如，有时候只是有朋友张罗说要股权众筹，项目没有看到、公司没有看到、文件没有看到，众筹的款项就打到了发起人个人的银行账号里了。这笔款到底是什么性质，谁都说不清楚。在法律上，可以理解为实物众筹，如发起人打算开发智能硬件，大家给他的钱，不是获得他公司的股份，是预付给他的货款，到时候召集人给众筹股东一个产品就算是了事。这也可以理解为借款，众筹投资人借钱给发起人，到时候发起人还钱，顶多加点利息，但是众筹投资人不是公司股东，公司估值再高、股权再值钱、分红再高，也跟众筹投资人没有半点的关系。

2. 参与众筹前需要头脑清醒

众筹股东在掏出钱之前，必须要先搞明白，给发起人的投资款，到底是获得什么，是股权吗？如果是股权，代持协议或入股协议签了吗？股东投票权怎么说的？分红有保障吗？这些都用法律文件明确下来了吗？这一切只有规范化了，投资才能有保障。

股权众筹本身就是为了吸收社会闲散资金，降低融资成本，所以降低投资门槛，允许普通百姓参与众筹。中国普通大众不具有较高的教育背景，缺乏投资的判断力，更多的是凭借着众筹发起人的商业计划书和自己的直观感觉进行投资，然而，这样的人群又普遍具有“艺高人胆大”的意识，没有领略资本市场的残酷，往往选择那些高风险高收益的风险投资项目，投资行为欠缺理性。风险投资的项目需要深入的研究，对项目的可行性需要做出准确的判断，而且大部分项目都会失败，极少数项目能够走上资本市场顺利上市或者被并购。如果一两个项目失败了，那就是血本无归，对于普通投资人来说是致命的。

因此，在进行股权众筹时，我们需要培养普通投资人的股权投资和股权众筹意识，教育他们如何理性投资，合理理财。最好选择一些收益可逾期、持续且稳定的投资项目，不要盲目追求高风险、高回报。投资者也一定要选择值得信任的众筹发起人，或者保障机制完善的众筹平台。

当然，众筹需要根据具体情况具体分析，不可一概而论。如果融资方提出给予资金提供者股权，很有可能违反《公司法》关于股东人数上限的规定，甚至构成《证券法》中的非法发行证券，这种方式风险很大，投资者尽量不要尝试。但很多众筹项目，出资者实际上是在捐助该项目，其获得的回报只是象征性的，或者相当于对产品的预付款，并不是获得公司的股权或参与项目利润分配，金额也不高（通常不超过100万元人民币）。这种情况虽然在法律上没有明确规定，但和“非法集资”有明显的区别，监管部门目前没有给出明确的态度。所以众筹并非一定违法，关键是要看是否承诺给予股权和固定金钱收益作为回报。

众筹除了募集资金以外，还可以起到用户调查和聚集人气的作用（捐赠者也是在“投票”），如果项目确实能够获得很多人的支持，又没有其他融资渠道，也可以尝试作为获得启动资金的方式，但总金额不宜过高，最好和已经有一定信誉的众筹网站合作。

陷阱五：把自己当作风险投资人

风险投资项目一般具有高风险、高潜在收益的特点，风险投资人会向大量的项目进行投资，大部分的项目都会投资失败，但是只要其中少数几个项目上市了、被并购，投资成功的收益回报不仅可以弥补投资失败的损失，还能有很高的盈余。但是，股权众筹本身就是为了降低投资门槛，所以绝大多数众筹股东都是普通百姓。一方面，众筹投资人不可能有资金向大量的项目投资，手头的资金一般也就只够投一两个项目，如果这一两个项目投资失败，那就是血本无归；另一方面，风险投资人一般会对行业有深入的研究，对项目商业可行性的判断相对专业，而普通百姓可能更多的是听信于众筹发起人的鼓吹，缺乏判断的能力，投资的风险也就更高。

1. 股权众筹和风险投资的区别

尽管股权众筹和金融市场中的风险投资有异曲同工之妙，但是股权众筹投资还是和风险投资有着以下几点区别。如表5–3所示。

表 5–3 股权众筹和风险投资的区别

区别	含义
投资平台不同	股权众筹融资必须通过在互联网上的股权众筹融资中介机构平台进行；风险投资一般是投资人或投资机构直接对融资项目进行投资
投资人不同	股权众筹的投资人通常是一些具备风险投资意识和抗风险能力的有着稳定收入的普通“草根”投资者；而参与传统的风险投资的多是专业的投资人或投资机构，他们比股权众筹投资人更有资金实力和风险承受能力

续表

区别	含义
融资方不同	股权众筹多为初创公司或者小企业借助股权众筹平台来获得创业所需要的资金；风险投资虽然多以投资高新技术及其产品的研究开发领域为主，但是并不局限于小微企业
融资结果不同	股权众筹项目多为难以在风险投资市场上获得资金的项目。股权众筹为这样的创业企业或项目提供了新的生机。一般说来，企业更倾向于获得风险投资。在投融资市场上，股权众筹是对风险投资的一种补充
融资方自律方式不同	通过众筹进行融资的公司，需要定期向投资者报告项目进展、经营业务状况等，股权众筹投资者通常只有主要投资人才参与公司事务管理；而风险投资的项目的内部信息通常是不会公布的，风险投资的普通合伙人通常参与企业的决策

2. 股权众筹行业对投资人的基本要求

随着国家对股权众筹政策的支持和京东、阿里巴巴电商“大佬”们的加入，行内外一些投资人和创业者也看到了这一行业的前景，纷纷加入到股权众筹行业的浪潮中。那么，作为一个新兴的互联网金融模式——股权众筹，每个大众投资人是否都能进入这一领域呢？其实是有基本要求的。如表5-4所示。

表 5-4 股权众筹行业对投资人的基本要求

基本要求	含义
较强的风险承受能力	股权众筹作为一种有风险的投资，对于普通的投资人来说，必须要充分地知悉股权众筹项目的风险，并有承担风险的能力。股权众筹行业的风险有很多，主要包括项目风险、众筹平台风险、自身承受能力等，如果你不能正视股权众筹行业的风险，也没有一个好的投资心理，那最好不要涉入这一行业。由于股权众筹的特性，导致企业在融资过程中拥有很多位股东。如果股权众筹项目运营成功，股东们会按占股比例享受分红；但是如果失败，股东们容易产生心理失控，从而导致不可控的局面发生

续表

基本要求	含义
较强的项目把控能力	股权众筹行业的项目都是有风险的，尤其是创业型的项目。在国外，获得风险投资的创业企业在5年内的失败率达到了60%以上；在国内，京东CEO刘强东直言不讳地说，获得风险投资的创业企业失败率或高达80%，可见风险还是很大，这时候就需要投资人对项目有较强的把控能力。就拿落地的实体店铺项目来说，存在风险也是必然的，即使是人人投这样的大股权众筹平台，我们也只能说项目风险相对较小。事实上，这种项目，投资人完全可以进行实地考察，或者对相关行业进行调查，分析项目原有店铺的收益状况及盈利优势，能够找准时机，投资优质赚钱的项目才是王道
较强的学习能力	在做好心理准备的同时，各位投资人也需要熟知股权众筹行业相关的法律法规，投资项目在运营过程中，可以为企业的发展提供相关知识。最重要的是，在投资人股权众筹项目中，出现项目方违反相关规定的情况下，可以依法来维护自身的权益和利益

总之，普通人参与股权众筹，千万不要把自己当作风险投资人，投资的项目最好是传统的行业，收益可逾期、持续且稳定，不要盲目追求高风险、高回报。在这个前提下，认真考察自己的投资项目，在自己熟悉的行业领域或地域范围投资。最后，还可以借鉴风险投资人的投资原则“投资就是投人”，一定要选择值得信任的众筹发起人，或者保障机制完善的众筹平台。

第六章

头脑风暴：创新股权众筹，提供新的思路

2016年，在互联网金融相关法规及众筹行业相关细则出台的背景下，众筹行业迎来了创新发展的利好趋势。中关村众筹联盟和融360大数据研究院2016年1月12日联合发布的《2016中国互联网众筹行业发展趋势报告》指出，未来股权众筹将有更多的创新空间，可从四个方面来考虑：可转债，股权期权，股权众筹支付对价创新，组合式股权众筹。

股权众筹

——“互联网+”时代速融新模式

股权众筹创新模式之一：可转债

在现行法律法规体系下，我国的可转债指的是上市公司发行的可转债，但该模式也可以用于非上市公司发行该产品。其好处是可以化解投资人的股权投资风险，在投资期结束后，若投资人愿意将债权转为股权成为公司股东，则可以行使权利，若到期后并不看好公司则可以拿回本金及收益。

由于可转债兼具债券和股票的双重特征，因此上市公司在这方面整体上有不错的表现。上市公司浙能电力就是一例。

2014年4月13日，上市公司浙能电力发布公告称，2013年10月13日发行的可转债正式进入转股期。浙能电力可转债的初始转股价格为每股5.66元，而2014年4月13日浙能电力的正股收盘价已达到8.27元，较初始转股价溢价高达46%。如果浙能电力继续维持在当前股价附近，估计很快会触发强制赎回机制。

根据浙能电力的可转债募集说明书规定：如果公司股票在任何连续30个交易日中有至少15个交易日的收盘价格不低于当期转股价格的130%（含130%），公司有权决定按照债券面值加当期应计利息的价格赎回全部或部分未转股的可转债；而设计为6年期的浙能电力可转债票面利率第一年为0.5%、第二年为0.7%、第三年为1.0%、第四年为2.0%、第五年为2.5%、第六年为2.5%。这就意味着，一旦达到触发强赎机制的边缘，浙能电力的可转债持有人会纷纷转股。随着A股的持续走强，致使可转债纷纷触发强制赎回机制，导致市场上的可转债成为稀缺品种。可转债可投资标的的收缩，使得在新转债发行时出现了“抢筹”的现象。

浙能电力在可转债募集说明书中也对相关风险做出提示：在可转债触发回售条件时，若投资者提出回售，则公司将在短时间内面临较大的现金支出压力；而且，浙能电力本次发行的可转债未提供担保（公开发行可转换公司债券，应当提供担保，但最近一期未经审计的净资产不低于人民币15亿元的公司除外），因此，若公司经营活动出现未达到预期回报的情况，可能影响公司对可转债本息的按时足额兑付，以及投资者回售时的承兑能力。

当时的可转债投资大致可以看成债券和看涨期权的组合。具体量化一下，一方面，投资者一般从纯债价值和转股价值两个方面来衡量转债的内在价值，与此相对应的两个指标是纯债溢价率和转股溢价率。当转债的价格在100元（一般可转债的发行价格）附近时，可以以同资质、同期限的债券作为参照，来计算纯债溢价率并以此来度量转债的纯债价值。另一方面，可以将转债的转股价值与转债的市价进行对比来确定转股溢价率。通常来讲，这两个指标越小，转债的价值越大，当转股溢价率为负值时，可以通过买入转债转成股票的方式，实现套利。

可转债经过近几年的实践，目前已经被看作股权众筹的一种创新模式。这种模式等于赋予了投资人可选择的权利，等于投资人拥有一个具有附加值的债权。当然，正因为拥有选择权，可转债与一般债相比，融资方给予的收益或利率比较低。该模式可以作为股权众筹的补充，对丰富股权众筹产品、满足投资者个性化需求及投资偏好具有非常大的作用。

1. 可转债及其特征和投资价值

可转债即可转换债券，是债券的一种，可以转换为债券发行公司的股票，通常具有较低的票面利率。本质上讲，可转债是在发行公司债券的基础上，附加了一份期权，允许购买人在规定的时间范围内将其购买的债券转换成指定公司的股票。

可转债兼有债券和股票的特征，具有以下三个特点。如表6–1所示。

表 6–1　可转债三大特征

特征	含义
债权性	与其他债券一样，可转债也有规定的利率和期限，投资者可以选择持有债券到期，收取本息
股权性	可转债在转换成股票之前是纯粹的债券，但转换成股票之后，原债券持有人就由债权人变成了公司的股东，可参与企业的经营决策和红利分配，这在一定程度上会影响公司的股本结构
可转换性	可转换性是可转债的重要标志，债券持有人可按约定的条件将债券转换成股票。转股权是投资者享有的、一般债券所没有的选择权。可转债在发行时就明确约定，债券持有人可按照发行时约定的价格将债券转换成公司的普通股票。如果债券持有人不想转换，则可以继续持有债券，直到偿还期满时收取本金和利息，或者在流通市场出售变现。如果持有人看好发债公司股票增值潜力，在宽限期之后可以行使转换权，按照预定转换价格将债券转换成为股票，发债公司不得拒绝。正因为具有可转换性，可转债利率一般低于普通公司债券利率，企业发行可转债可以降低筹资成本。可转债持有人还享有在一定条件下将债券回售给发行人的权利，发行人在一定条件下拥有强制赎回债券的权利

可转债兼有债券和股票双重特点，对企业和投资者都具有吸引力。1996年我国政府决定选择有条件的公司进行可转债的试点，1997年颁布了《可转换公司债券管理暂行办法》，2001年4月中国证监会发布了《上市公司发行可转换公司债券实施办法》（已废止），曾极大地规范、促进了可转债的发展。

可转债具有股票和债券的双重属性，对投资者来说是“有本金保证的股票”。可转债对投资者具有强大的市场吸引力，其有利之处体现在以下三个方面的价值。如表6–2所示。

表 6–2 可转债的投资价值

价值	含义
使投资者获得最低收益权	可转债与股票最大的不同就是它具有债券的特性，即便当它失去转换意义后，作为一种低息债券，它仍然会有固定的利息收入；这时投资者以债权人的身份，可以获得固定的本金与利息收益。如果实现转换，则会获得出售普通股的收入或获得股息收入。可转债对投资者具有“上不封顶，下可保底”的优点，当股价上涨时，投资者可将债券转为股票，享受股价上涨带来的盈利；当股价下跌时，则可不实施转换而享受每年的固定利息收入，待期满时偿还本金
当期收益较普通股红利高	投资者在持有可转债期间，可以取得定期的利息收入，通常情况下，可转债当期收益较普通股红利高，如果不是这样，可转债将很快被转换成股票
比股票有优先偿还的要求权	可转债属于次等信用债券，在清偿顺序上，同普通公司债券、长期负债（银行贷款）等具有同等追索权利，但排在一般公司债券之后，同可转换优先股、优先股和普通股相比，可得到优先清偿的地位

2. 可转债的交易规则和操作要点

可转债是一个比较复杂的投资品种，投资者应在明晰运作机理、了解相应条款、熟悉交易规则后再介入。其交易规则有以下几点。如表6–3所示。

表 6–3 可转债交易规则

交易规则	实操要领
可转债定价	转债理论价值是纯债价值与复杂期权价值之和，影响因素主要包括正股价格、转股价、正股与转债规模、正股历史波动率、所含各式期权的期限、市场无风险利率、同资质企业债到期收益率等。纯债价值可以通过贴现转债约定未来现金流计算得出，复杂期权价值可以采用二叉树、随机模拟等数量化方法确定，主要是所含赎回、回售、修正、转股期权的综合价值。转债理论价值与纯债价值、转股价值的关系是，当正股价格下跌时转债价格向纯债价值靠近，在正股价格上涨时转债价格向转股价值靠近，转债价格高出纯债价值的部分为转债所含复杂期权的市场价格。可转债的投资收益主要包括票面利息收入、买卖价差收益和数量套利收益等

续表

交易规则	实操要领
可转债交易方式	可转债实行T+0交易，其委托、交易、托管、转托管、行情揭示、交易时间参照A股办理。可转债在转换期结束前的10个交易日终止交易，终止交易前一周交易所予以公告。可以转托管，参照A股规则
可转债交易费用	深市，投资者应向券商交纳佣金，标准为总成交金额的2‰，佣金不足5元的，按5元收取。沪市，投资者委托券商买卖可转换公司债券须交纳手续费，上海每笔人民币1元，异地每笔3元。成交后在办理交割时，投资者应向券商交纳佣金，标准为总成交金额的2‰，佣金不足5元的，按5元收取
可转债购买途径	可转债购买对于大多数投资者来讲还比较陌生，投资者可通过几种方式直接或间接参与可转债投资。第一，可以像申购新股一样，直接申购可转债。具体操作时，分别输入转债的代码、价格、数量等，最后确认即可。可转债的发行面值都为100元，申购的最小单位为1手1000元。业内人士表示，由于可转债申购1手需要的资金较少，因而获得的配号数较多，中1手的概率较申购新股高。第二，除了直接申购外，投资者通过提前购买正股获得优先配售权。由于可转债发行一般会对老股东优先配售，因此投资者可以在股权登记日之前买入正股，然后在配售日行使配售权，获得可转债。第三，在二级市场上，投资者只要拥有了股票账户，也就可以买卖可转债。具体操作与买卖股票类似

根据交易所规定，发行可转换公司债券的公司在其股票上市时，其上市交易的可转换公司债券即可转换为该公司股票，转换的主要步骤有三个。如表6–4所示。

表 6–4　可转债操作要点

操作步骤	操作要点
申请转股	投资者转股申请通过证券交易所交易系统以报盘方式进行。基于安全性的考虑，一般投资者准备转股时，最好不要通过电话委托或网上交易进行转股程序操作，而应到转债所托管的证券营业部去填写提交转股申请
接受申请，实施转股	证券交易所接到报盘并确认其有效后，记减投资者的债券数额，同时记加投资者相应的股份数额。根据现有规定，转股申请不得撤单

续表

操作步骤	操作要点
上市流通	最后是转换股票的上市流通。转换后的股份可于转股后的下一个交易日上市交易。为方便投资者及时结算资金余款，对于不足转换一股的转债余额，上市公司通过证券交易所当日以现金兑付

股权众筹创新模式之二：股权期权

股权期权或称股份期权，是激励的一种方式，适用于上市公司，也适用于非上市公司。期权的主要操作方式是，公司先借款给自己的管理层或技术高层职工，他们利用公司的借款购买股权后，只享有分红权，有的可以享有决策权，但要看公司如何与职工做出约定。管理层或技术高层职工在享有股权后，股权不得转让、不得抵押、不得买卖，股权所得的分红不能领取，分红首先归还公司的借款。在公司的分红全部归还完公司借款后，职工的股权转化为实股，可以到工商行政部门办理；如果当年分红不足以支付职工应还借款时，职工个人需要拿出现金补足借款。有些期权还约定职工的股权在工作满一定年限后由公司进行回购，不同的公司要求不一样。所以，股权激励的工具比较多，也比较灵活。典型股权众筹交易模式的设计若采用股权期权的办法，对于参与众筹者，承诺给其期权，设定一个条件或期限，待条件成熟时以约定的价格授予参与人购买一定数量股票的选择权，从而避开200人的上限约束，但该方案也存在被认定为变相突破200人上限的法律风险。

下面结合从业者身边的真人、真事以及法院的实际判例进行分析，从股权激励双方——员工和公司两个角度，简单分析一下中国股权激励的现状和需要注意的问题。

1. 厘清股权激励和期权激励的区别

实践中，员工激励机制常见有两种：一是期权激励，赋予员工未来取得公司股权的期待权利，例如，市场主流为约定激励对象有四年服务期，每满一年，员工可行使1/4的期权总额；二是股权激励，立即赋予员工实实在在的股权，但多设置服务年限、处置限制等附加条件。

2014年，北京市海淀区法院审结了员工张某与北京某技术有限公司的劳动争议纠纷，张某于2011年4月6日入职，担任技术经理，双方建立劳动关系，当日双方签订劳动合同书及劳动合同变更书，其中劳动合同变更书中约定："经双方协商一致，对本合同做以下变更：授予员工张某10万股期权（注：此处约定为期权）；并在公司统一办理期权证书之时，发放期权证书。"针对该期权约定，双方在法庭上各执一词：张某主张双方对于该10万股期权，曾口头约定没有行权时间限制，行权价格为零，实际上为授予其10万股股权；而该公司主张该10万股为期权，待该公司审批上市后才可行权，对于行权价格则另行协商。2012年7月13日，该公司提出与张某解除劳动合同，并签订《补充协议》约定："一、雇佣合同终止日为2012年7月13日……。三、甲方（公司）于2011年4月授予乙方的10万股权由乙方（即张某）继续持有，但依据公司的规定，需由公司现有法人代表靳某持有，双方于2012年8月31日前办理相关的公证书……。"对于上述第三项约定，张某主张双方确认张某拥有10万股股权，暂由公司法定代表人靳某持有，暂不进行工商变更登记，张某据此主张按照10万股股权，每股价格以1元计算，其应当持有公司10%的股权；公司主张上述约定中漏写"期"字，系期权而非股权，该项约定与劳动合同变更书约定内容一致。据查，该公司为有限责任公司，注册资本为100万元。

法院指出，尽管双方所签署的《补充协议》确认张某拥有10万股股权，但该协议中明确载明“2011年4月授予乙方（张某）的10万股权由乙方继续持有”，而双方劳动合同变更书恰于2011年4月签订，约定公司授予张某10万股期权。基于此，法院选择相信张某与公司所签订的《补充协议》约定确系期权，而非股权，公司险胜。可以想象，公司方离开法庭时应该是一身冷汗。但可以推测，公司的麻烦并不会到此为止，即便张某持有的是期权，一个离职员工持有公司10%的期权，带着这样的镣铐，公司后续如何融资，如何上市？虽然员工张某输了一场战役，但仍然处于战略高地上，相信如果公司想要卸下这副镣铐，最终也只能让步妥协。

在可选的情况下，公司应尽量选择期权方式进行员工激励，或者采用附条件（如锁定条件以及处分或回购限制）的股权激励，而不是为了吸引优秀人才，简单无条件地授予员工股权，否则员工离开公司时会给公司造成股权上的遗留问题，很难处理。即使采用期权，也需要注意期权激励与劳动关系之间的衔接。

2. 股权期权激励问题小结及建议

股权期权激励常见的问题主要体现为：公司管理层没有从本质上理解股权激励及其风险，公司制订的激励方案存在瑕疵，股权激励实施的随意性（主要体现为公司随意允诺空头支票和员工权利意识淡薄），方案制订和实施过程中缺少专业的支持。

股权或期权激励是一个比较复杂的事情，公司管理层切不可一知半解，草草承诺员工动辄多少万股的股权或期权，公司需要与专业人士商定激励股权池大小、激励对象、授予份额、授予数量、行权价格等诸多方面的问题，才能拟订合理的激励方案。其中涉及行权条件、权利限制（如有效期和员工离职回购等）等事宜，需要专业律师起草专业的激励文件；如涉及境内外上市公司，还将涉及审批程序、税务及外汇等事宜，更需要专业律师的指导，简单粗暴的承诺股权只会给公司带来更多的困扰。上海的一个案例很值得公司引以为戒。

2012年2月，上海某信息科技有限公司与员工陈某签订《股票期权合同》，承诺以公司的股票给予陈某期权激励至少不低于5万股，具体数量、授予时间、期权的行权方式、行权期、行权价格、行权窗口期等具体操作事宜，将根据公司制订的《公司股票期权计划》及相关具体实施办法，并经股东大会通过以后实施；公司承诺的股票期权授予的前提条件是，“陈某还至少应在公司连续工作或为公司提供服务达____（此处为空白）年以上或至引跑公司上市前6个月内……直到二审程序”，公司仍并未针对股票期权制订具体的计划，或出台相关的管理办法。

尽管该案件中激励对象的行权要求被法院以“服务期限直到上市前6个月”条件未满足为由驳回，为什么法院没有提及前边的空白服务期？如果签署的合同中服务期为空白，公司应该处在很被动的地位，而该公司在并无《公司股票期权计划》的情形下就许诺员工期权，那么，这些期权到底代表多大股比，5万股又如何得来？正如前文第一个案例所写：“老板，你真的想给技术经理10%的激励股权吗？”股权期权激励涉及公司股权，岂可儿戏？

对于员工来说，股权激励可以说是重量级激励，因为“工资奖金能够养家糊口，而股权才能实现财务自由”。员工大不必像跟老板谈工资那样羞涩，反倒是不少创业股东通过实施股权激励（替代部分现金报酬）来判断员工对公司的忠诚度、信心。员工需要与老板或者主管部门详细了解激励股权期权所代表的公司份额，期权的行权方式、行权期、行权价格、行权窗口期以及激励股权的各种限制，并保存好相关文件，为成为公司原始股东做好充分准备。

股权期权激励的实施，需要一整套规范的法律文件，通常包括：激励计划，股权期权激励大纲性文件；授予协议，根据激励计划授予各激励对象股权或期权的协议，包括授予时间及激励价格等内容；持股协议，比如由创始股东代持激励股权的协议或者持股实体的合伙协议；其他文件如批准激励计划等事宜的股东决议，批准激励对象及相关文件的董事会决议，以及公司章程的修改（如股权激励情形就可能涉及公司股权变更）。

最后，提醒创业公司，股权期权激励制度虽好，但应当谨慎引入，并且务必在专业人士的协助下推出。股权期权激励涉及公司股权结构，不合理的股权期权激励会影响公司股权结构的稳定性。即使公司没有能力支付昂贵的律师费用，也应当使用规范的股权期权文件，尽可能预防股权期权激励实施过程中的风险和隐患。

股权众筹创新模式之三：股权众筹支付对价创新

在目前的股权众筹中，投资人的出资方式为现金。该支付方式显然过于单一，融资公司往往需要的不仅仅是资金，有时也需要专利、品牌或者设备、场地等非资金性资源。在此情况下，可否考虑多种形式的出资方式呢？比如场地入资、知识入资、设备入资等多种形式，从而使得股权众筹融资的支付对价更加多元化，也与当前公司并购、公司出资的方式及规定接轨。

对近年重大资产重组案例进行分析发现，所谓的创新交易案例主要是在现有《上市公司重大资产重组管理办法》及相关配套法规的框架下，对之前案例的交易方案的局部突破，主要突破点是支付对价、业绩承诺、业绩补偿与奖励方式，其他方面亦有创新，但案例较少。支付对价方面比较著名的例子是掌趣科技收购玩蟹科技，采取的是差异对价方式。

2013年10月15日，在解决了版权问题后，掌趣科技与玩蟹科技的并购案终于尘埃落定，掌趣科技当日下午公告称，公司拟以25.53亿元并购玩蟹科技和上游信息。公告显示，掌趣科技拟以17.39亿元收购玩蟹科技100%股权，同时拟以8.14亿元收购上游信息70%股权。

本次并购以发行股份及支付现金相结合的方式，其中玩蟹科技76 760万元对价和上游信息46 514.29万元对价，共计123 274.29万元将以现金支付；其余对价将由掌趣科技非公开发行股票支付，价格确定为19.83元/股。掌趣科技同时拟以不低于17.84元/股的价格进行配套融资85 100万元，同于支持收购玩蟹科技、上游信息现金对价款的部分来源。

与此前多个游戏行业的并购案一样，掌趣科技也制定了严格的业绩对赌条款。玩蟹科技方承诺，2013年、2014年、2015年、2016年扣非后的净利润不低于1.2亿元、1.6亿元、2亿元、2.4亿元。上游信息方承诺，2013年、2014年、2015年、2016年扣非后的净利润不低于0.75亿元、1.25亿元、1.56亿元、1.90亿元。如果实际净利润低于承诺，标的公司将按约定进行补偿。

据公告显示，玩蟹科技已与金庸、畅游时代、完美世界共同签订协议，对于2013年10月1日前使用授权作品的行为，玩蟹科技一次性支付授权金；2013年10月1日至2016年12月31日止，玩蟹科技将游戏入账净收入按规定比例分予畅游时代及完美世界。玩蟹科技是业内知名手机游戏开发商，明星产品为《大掌门》《忍将》。上游信息亦是国内知名游戏开发商和运营商，此前推出的手机游戏《塔防三国志》影响较大。

支付对价是指非流通股要进入市场，避免给流通股带来新的损失而对流通股所做的补偿。如10股对付3股，即非流通股股东向流通股股东按流通股本每10股送3股。非流通股股东当时获得股票是在公司改制时，价格非常低，有的是面值获得的，而流通股股东都是从股票市场获得的股票，价格高得多，所以公平起见，应该支付对价。

支付对价是股权分置改革的新生事物，是一种新型的会计事项，现行会计制度对此没有做出规范。因此，必须把支付对价与股权分置的历史和现状结合起来进行剖析，找出其本质以作为会计处理的依据。具体处理方式如下。

1. 支付对价涉及的会计主体

不同的会计主体在支付对价问题上的立足点不同，其会计处理也不同。股权分置改革经济事项涉及非流通股股东、流通股股东和上市公司三方利益主体，他们共同构成支付对价经济事项的三个会计主体，都必须做出相应的记录与报告。支付对价经济事项分别表现为：首先是非流通股股东将所持有的非流通股部分送出或按比例压缩、支付现金等，其次是流通股股东将获得送股、现金、权证等，最后是上市公司将发行认股权证、减少总股本、记录股本明细的变化等。明确会计主体可以为会计核算的讨论提供一个基本前提。

2. 支付对价的会计处理原则

支付对价的会计处理原则有两个：

一是充分应用实质重于形式原则。由于支付对价引起原非流通股股东和原流通股股东在上市公司的持股比例的变化，即存在此消彼长的关系，从而导致会计中的权益法与成本法的变化、合并会计报表范围的变化。按照我国《合并会计报表暂行规定》《企业会计准则——投资》等的规定，是否将被投资单位纳入投资企业合并会计报表范围主要看投资企业能否对被投资单位形成控制，而是否采用权益法进行核算主要看投资企业能否对被投资单位施加重大影响。

二是认真贯彻明晰性原则、重要性原则。支付对价是股权分置改革的产物，它将对会计主体产生长期、较大的影响，因此要求会计记录准确、清晰，以便于理解和使用。

3. 支付对价的确认和计量

支付对价是股权分置改革的一项经济业务。非流通股股东支付的对价是送股、缩股、付现、权证等，获得的是一种流通权。在股权分置改革方案实施日，确认支付对价，进行相关会计处理。其中，权证在股权分置改革方案实施日，只确认已实际发生的金额，其余损失则在行权日确认。

用权责发生制原则和历史成本原则进行计量。支付对价具体表现是：其一，送股（缩股）用送出（减少）股份的投资成本（股份数×每股成本）加上按该比例应转销的损益调整、股权投资差额、股权投资准备之和计量；其二，付现用实际发生金额计量；其三，权证用申请发行的实际支出加行权日的行权价格与当日的收盘价的损失计量。

4. 会计科目的使用

根据《企业会计制度》的规定，在权益法下，“长期股权投资”科目下分设“投资成本”“损益调整”“股权投资准备”“股权投资差额”4个明细科目。支付对价不属于损益调整和股权投资准备的性质。在权益法下，投资成本被界定为投资企业取得投资的初始成本，也不适合核算对价。权衡之后可以看出，由于将支付对价作为投资成本的追加，因此将其计入股权投资差额比较合适。《企业会计制度》列举了股权投资差额的三种情形，虽然尚未考虑股权分置改革的情况，但已经表明股权投资差额的用途在于记录《权益法》下长期股权投资的账面价值与应享有被投资单位所有昔日份额的差额。支付对价可视为这种差额，在“股权投资差额”科目中核算。

将支付对价在“股权投资差额”明细科目中核算虽然有一定道理，但也存在不足。如将支付对价与原股权投资差额混淆，则不便于以后对其进行调整，影响了会计分析与评价，不符合明晰性、重要性原则。应设置“长期股权投资——支付对价”科目用于核算股权分置改革中经济事项的调整。当股权分置改革方案实施时，借：长期股权投资——支付对价；贷：现金（或银行存款），长期股权投资——投资成本——股权投资差额——损益调整——股权投资准备。会计期末调整时，“长期股权投资——支付对价”科目余额在借方，表示待转支付对价。

5. 会计处理的不同方法及其评价

会计处理有以下不同的方法：

一是违约赔偿观将支付讨价费用化。非流通股股东向流通股股东支付违约金具有弥补流通股股东损失的性质。我国《企业会计制度》规定，企业因违约而向对方支付的违约金以营业外支出列支。这显然形成了一项费用，并在损益表中反映。其分录为借记“营业外支出”科目，贷记“长期股权投资——支付对价”科目。

违约赔偿观实际操作比较困难。首先是赔偿对象的认定，存在着是赔偿申购新股的股东还是赔偿从二级市场购入股份的投资者的问题。其次是赔偿额度的认定，存在着是补偿股票下跌给投资者带来的全部损失还是扣除其中的系统性风险部分的问题。最后是支付对价费用化直接影响着大股东的业绩和考核指标，也关系到再融资和股票特别处理等问题。这就违背了支付对价的本意，容易形成股权分置改革的阻力。

二是流通权观将支付对价资本化。支付对价获得流通权符合会计上的资本支出条件。首先，支付对价符合资产的定义，流通权有带来未来经济利益（未来现金净流入）的能力。股权分置改革以对价方式承认流通权是具有价值的。其次，支付对价可以用货币计量，无论何种形式的对价（股份、现金或权证）都具有明确的金额或具备可以量化的条件。再次，支付对价“资产”与支付违约“费用”相比，前者在经济后果方面更容易被接受，尤其是资本化处理解决了国有资产单位出于资产保值增值考虑而对股权分置改革积极性不高的现实问题，也可以防止对其他非流通股股东（包括上市公司）的业绩产生不良影响。最后，符合长期资产的时间要求，非流通股在股权分置改革方案实施日虽然获得流通权，但股权分置改革的本质是解决制度缺陷问题，而不是减持股份，其投资目的仍是长期持有。不少公司配合对价方案做出了稳定股价的承诺，如增持计划、减持底价、回购计划、锁定流通期限等。所以，流通权具有资本化的条件。从会计要素的具体分类项目来看，流通权符合无形资产的定义和特征。

舍“资产摊销”而取“成本配比”。非流通股为实现同股同权支付的对价是附会在流通股上的一项权利，它并不会随时间的流逝而发生损耗，只会因实现流通（或称减持股份）而兑现。因此，不应对支付对价形成的长期投资进行分期摊销处理。原非流通股股东期末结转分录为：借记“无形资产——流通权”科目，贷记“长期股权投资——支付对价”科目。持有期间不摊销，待减持变现时，用流通性溢价与支付对价配比来计算损益。其企业分录为：借记“银行存款”科目，贷记“投资收益”科目。同时结转成本，借记“投资收益”科目，贷记“无形资产——流通权”科目。

流通权观更符合股权分置改革的精神，不影响企业当期的财务状况和经营成果，不影响国有资产保值增值以及有关负责人的考核，更容易被非流通股股东接受。另外，它也符合会计准则的相关原则，容易被财会人员理解、执行。

三是权益补偿观将支付对价冲销权益。支付对价是针对过去的制度缺陷而产生的，非流通股股东将过去多得的权益补偿给流通股股东，以实现同股同权。其会计分录为：借记“资本公积——股权投资准备”科目，贷记“长期股权投资——支付对价”科目。

权益的补偿观虽然不影响经营成果，但直接影响着国有资产保值增值以及有关负责人的考核，不易被非流通股股东所接受，有悖于股权分置改革的初衷。

6. 流通股股东与上市公司的会计处理

流通股股东是对价的接受者，按照证券交易规则，在股权分置改革方案实施日按自然除权原则进行会计处理。也就是说，流通股股东一方面获得新增股份、现金和权证，另一方面损失原有股份的市值，其结果是既不受益也不受损。送股在备查账簿或表外科目记录，缩股不做记录，付现冲减投资成本。认购权证在股权分置改革实施日的价格无法确定，因此它是一项或有资产，持有期间在备查账簿或表外科目记录，若在行权日之前转让，其收益冲减投资成本，核销记录。行权之日，若股票市价小于或等于行权价格，则认购权证的价值为零，核销记录；若股票市价大于行权价格，则认购权证的价值为市价与行权价格之差，其收益冲减投资成本，核销记录。认沽权证是一种保底卖出价格承诺，持有期间在备查账簿或表外科目记录。行权之日，若股票市价小于行权价格，则认沽权证的价值为市价与行权价格之差，其收益冲减投资成本，核销记录；若股票市价大于行权价格，则认沽权证的价值为零，核销记录。

股权分置改革涉及上市公司股本的变化，其具体表现为：对价采取送股则总股本不变，股本明细变化，在股本账户内调整；对价采取缩股则总股本减少，股本明细变化，将减少的股本金额转入资本公积；认股权证发行股份按增发处理；付现、认购权证和认沽权证则不涉及上市公司。

股权众筹创新模式之四：组合式股权众筹

虽然证券业协会发布的私募股权众筹监管办法禁止股权众筹平台从事P2P网贷业务，但是组合式的多元化众筹更符合我国金融的发展趋势。西方发达国家的金融采取的是混业经营，而我国金融却采取单一经营，这其实不利于综合金融的发展，也与金融发展的趋势相悖。我们也看到，我国其实已经出现了几个大型的综合性金融集团，例如中信集团、光大集团及平安集团等，这些金融集团其实是混业经营的典范。同样的道理，作为新金融的众筹融资平台也需要向综合化服务迈进，因为融资方的需求是多元的。例如创业项目在进行股权融资时，也考虑进行部分债权融资，在进行债权融资时也考虑进行产品众筹，这些组合众筹都有各自的优势，这对早期项目及刚创立的企业发展来说，都具有很大的促进作用。

1. 股权众筹“组合配置”的重要性

有股权众筹家就“投资组合”问题认为，股权众筹所涉及的种子期投资、天使投资和风险投资的失败率是很高的，虽然通过合理投资策略和专业化项目判断，如果投资组合中出现投资成功项目，成功的项目投资收益基本上可以覆盖失败的项目的损失。股权众筹中进行“组合配置”，对于部分投资者，尤其是中产阶层投资者显得尤为重要。

目前我国股权众筹主要分为实体店铺类与非实体店铺类，其中非实体店铺类主要以互联网科技、移动互联项目为主。单纯从回报来看，互联网科技类项目力求以上市或并购等再融资为退出方式，因此收益往往成倍增加，获利客观，但真正能够实现成功退出的项目，却凤毛麟角。因此，看起来再优秀的项目，即便有知名基金领投，也不意味着项目的成功退出概率有多大。曾有统计显示，传统VC/PE的投资项目，有80%是失败、平手，即便获取微利，也与投入的巨资不成正比。因此，如果条件允许，针对TMT类众筹，可选择不同行业、不同规模的项目进行分散投资，而不要只凭个人喜好进行选择。

对于实体店铺类众筹，笔者认为，虽然目前这个领域的热度不及TMT，但更多只是源于市场与投资机构的认知偏好的缘故。以我国首家专注于实体店铺的股权众筹平台人人投来说，其对接的项目多为传统消费类行业，如餐饮、酒店、娱乐服务、亲子教育等线下实体连锁店铺，从直观上，确实没有TMT类“高大上”与“前卫”的感觉。但从投资的安全性来讲，实体店铺融资成功率高、融资快、分红快、整体收益稳定、股权结构不复杂，是追求稳健的投资者应该配置的一种股权投资种类。

通过对目前行业规模最大的实体店铺众筹平台人人投的分析可以看出，其上线的近300个连锁实体店项目整体融资成功率超过95%，近50%的店铺已经产生分红，个别人人投平台的“明星项目”，其年平均回报率可达100%，这意味着投资者一年时间即可实现回本，之后的分红都是“干赚”的。

可能有人说实体店铺众筹项目存在“退出难”的问题，但随着新三板的不断扩容以及地方性股权交易市场的成熟，优秀的实体连锁店或将涌现一批上市或并购潮。

因此，如果投资者有适当的财力，并具备一定的抗风险能力与投资经验，可以在股权众筹中适当进行“组合配置”，例如以一定比例投资于高风险高收益的TMT行业，再以一定比例投入风险中高、收益相对稳定的实体店铺行业，如有剩余，还可考虑新型的、收益更加稳定的“收益型众筹”。当然，股权众筹占投资者全部资产的比例，建议不超过15%。如果资金实力有限，或初上手接触股权众筹，则可不进行组合配置，而投资单一的方向（TMT或实体店铺二选一）即可。

在未来10年甚至15年，股权投资将有望为我国创造更多的中产阶层，并帮助现有的中产阶层实现资产的有效增值，而采取“组合配置”的投资方式，则可实现投资风险与收益的科学匹配。项目本身的风险不可避免，也并不可怕，但不采取组合配置，令风险高度集中，才是股权众筹投资者面临的困境。

2. 如何建立股权众筹投资组合

如何通过股权众筹建立一个多样性的投资组合？可以采取以下方式。

一是决定好一个策略，打长期战，比如5年或更久。不要急于投资你看到的一切，保留一些可以支配的资本，这样不会错过好的交易。记住，你的第一笔资金也可能在建立起投资组合之前就溜走了。不要放弃，这就是天使投资的本质——光明前的黑暗是漫长的。

二是了解使用的投资平台和投资者。首先详尽地找出尽可能多的投资平台。投资者的保险措施是什么？难道它们只是交给你一个交易清单，然后把你扔在糟糕交易的风险之中吗，抑或他们全权管理？确认你的时间是否被用在分析潜在的投资机会上，它们是投资引导型的还是投资辅助型的？

三是与有领域投资知识的人一起投资。建立一个多样的投资组合，更倾向引导你到舒适圈外的区域。检查一下，是否在那个领域有经验的主要投资者将他们自己的钱投入其中，如果没有，就不要管它。

四是多样投资。建立一个可靠的多样投资组合，每年应该致力于5～10个不同区域的投资。考虑一下你一年准备投资多少，然后分为10份。这就是你平均每份的投资规模。

五是知道什么是基金管理费用。如果你投资股权融资平台，就会逐渐接触到那些专业的投资者，同时避免了专业管理基金的管理费用。

六是准备好跟进。积蓄你的力量，准备好在未来的工作中补充你的钱。如果你投资100万元，准备好跟进500万元，这将会使你的回报最大化。

总之，通过股权众筹平台建立投资组合所需的努力，不会与直接的天使投资差异过大。当平台关注那个部分时，合法的程序会被简化。通过使用投资平台，你会获得有经验的投资家们带来的有利项目。

第七章

规范之年：展示经典案例，借鉴经验

2015年是股权众筹行业发展的“规范”之年，不仅表现在股权众筹平台数量激增，更表现在股权众筹项目质量的提高，特别是受“大众创业、万众创新”政策利好的影响，2015年股权众筹出现了很多优秀项目，屡屡刷新单个项目股权众筹融资速度。同时，在波澜不惊之中，也出现了国内股权众筹第一个退出案例，成为2015年股权众筹行业的一个关注点。

股权众筹

——“互联网+”时代速融新模式

WIFI万能钥匙：最高认购股权众筹案例

认购金额77亿元，超募237倍，认缴额6500万元，WiFi万能钥匙在股权平台筹道股权上创下了中国最大一笔股权众筹融资金额，并刷新了三项“中国纪录”。筹道股权众筹平台联合创始人兼CEO管晓红认为，WiFi万能钥匙的案例是股权众筹的一个分界点，从种子期的企业募集资金过渡成为成长型企业创新融资的方式，率先打破了“初创企业找众筹，成熟企业找风投”的模式，且股权众筹找到营销和募资之外的新目的——让用户成为你的股东。

1. 我国最大的一笔股权众筹始末

创始人兼CEO陈大年把WiFi万能钥匙定义为一家共享经济企业，他认为每个用户都是共享经济的有机体和构成部分，这也是他去做股权众筹的初衷：“我们筹的不是钱，而是和我们有共同认知与思考的投资人。股权众筹这种新兴的互联网融资方式恰好让这个想法有了实现的平台。”

WiFi万能钥匙，顾名思义，即一个WiFi共享平台，目前有近6亿用户，月活跃用户超过2.7亿。2015年5月22日，WiFi万能钥匙宣布年初已完成5200万美元的A轮融资，估值已达10亿美元（约65亿元人民币），投资方为海通开元、北极光创投等7家投资机构。

《公司法》和《合伙企业法》对股东和合伙人的数量有明确的约定，筹道股权在设计WiFi万能钥匙的股权众筹方案时，与多家律师事务所及相关管理部门进行多次沟通，最后针对现有法律环境，它帮助WiFi万能钥匙设计了一套完善的方案，前后花费了数百万元。

根据筹道股权众筹平台的信息显示，此方案是：第一，为了让更多用户分享WiFi万能钥匙的未来高成长预期，众筹总筹资金额为6500万元，总筹资金额平均划分为50份，每份认购金额为130万元，每份占股0.02%，每人可认购多份。第二，缴纳30万元的保证金，将优先从缴纳保证金的人群中选择，没有入围的则退还全部保证金。第三，项目交割一年后，投资人将在限定时间内拥有一次按实际投资额全额无息退出的机会；若交割5年届满项目未能上市，投资人可按实际投资额年复利5%的回报方式退出。第四，本次项目将由互联网界知名企业家、蝴蝶互动创始人凌海先生担任领投人，他将出任上海尚快投资中心的GP。

早期，WiFi万能钥匙原打算筹资3250万元，占总股权的0.5%，方案实施后，由于结果大大超出预期，双方召开紧急会议，做了两个决定：一是增发0.5%的股权，将众筹股权增至1%，筹资额扩大到6500万元；二是给每个参与认购的投资人赠送纪念T恤衫，同时为每个缴纳保证金的投资人赠送一块果壳智能圆表，以示感谢。

筹集来的资金，陈大年称将用于两个方面：一是继续提高服务质量，让WiFi万能钥匙的免费上网服务更好用，内容服务更丰富多彩；二是拓展海外市场，做到不仅国内用户出国能随时随地使用WiFi万能钥匙免费上网，海外的互联网用户也能用上WiFi万能钥匙。

2. WIFI万能钥匙的现象及启示录

WiFi万能钥匙股权众筹项目所在的平台筹道把自己定位为“递进式股权众筹”，与这家公司同一办公地点的还有青橘众筹，公司20多人，以技术为主。所谓“递进式股权众筹”，是指青橘众筹提供产品众筹平台，而筹道成为股权众筹平台，做得不错的产品众筹可以直接引入到青橘众筹，以节省项目考察等人力和资金成本，同时为需要融资的创业者提供资金服务。筹道发展早期，参与的项目普遍是筹资十万、百万级规模的种子项目，整个中国股权众筹平台上，千万以上的项目凤毛麟角。此外，公司采用完全互联网的方式，以线上审核为主，节省了大量的人力成本，未来还可能在线下开始一些路演。WiFi万能钥匙的筹资给整个筹道的发展一次意外的启示。

对于大多数没有融过资的企业来说，如何设定公司估值、股权众筹方案标准都比较模糊，而WiFi万能钥匙刚刚完成A轮融资，在公司估值和方案上都有现成的参考。这说明A轮之后稳健成长型的企业也可以参与到众筹之中，更利于行业的规模性发展。经过此案例，一些海外公司以及成熟期的项目纷纷找筹道要求参与股权众筹，除了筹集资金和产品营销，多数公司的目的是征集志同道合的股东。

股权众筹平台的兴起也与国内兴盛的创业潮有关。天使投资人兼KnewOne创始人李笑来就写下了自己参与WiFi万能钥匙项目始末，不管是对于公司还是创始人，都经过了严格的项目搜集与考察。不管是产品众筹平台还是股权众筹平台，好项目成为各个平台争夺的核心资源。李笑来在他的投资心得中写道："对于一个有300万元可支配资产的个体来说，最终只能投资一两个类似的项目，而后就只能等着了，这事儿不太美好。不过，放出25份最终竟然有几千份认购，只觉得有钱人太多。"

在好项目供不应求的阶段里，创业企业在股权众筹时，如何选择股东也是一门艺术。这些选择指标包括：预约认购时间，使用WiFi万能钥匙的时间，对WiFi万能钥匙的了解，以及能否很好地履行股东义务，为WiFi万能钥匙的发展积极谏言谏策，等等。

互联网看重"粉丝经济"，让潜在"粉丝"通过股权和企业深层捆绑，共享企业未来。在创业圈内有一个"4%辐射定律"，如果让你的潜在客户中的4%成为你的股东，剩下的96%则会被这些人潜移默化地逐步辐射。让用户有机会变身成为公司股东，吸引更多看好这个市场的各界人士参股，这也是WiFi万能钥匙股权众筹最终希望达到的目的。

《大圣归来》：最吸睛的股权众筹项目

2015年年中，风靡暑期档的国产电影《大圣归来》以9.56亿元票房完美谢幕，成为内地电影史上最高票房的动画电影。与此同时，参与《大圣归来》股权众筹的89位投资人，也因此获益超过2200万元，回报率超过400%。在此之前的2014年11月，《大圣归来》发行人路伟在微信朋友圈发布消息，为该影片众筹资金，结果这条微信朋友圈招来89位投资人，每位投资人的投资资金从一万元到数十万元不等，而最后的成功，也堪称影视股权众筹的代表作。也正是因为如此，《大圣归来》的成功，也为后来的影视产品进入股权众筹提供了一个良好的范本，对行业发展有一定的意义。

1. 股权众筹拯救了“大圣”

2014年12月17日，筹备了近8年的《大圣归来》进入最后的宣传发行阶段。相比半年前接手时资金上的捉襟见肘，路伟更担心这部缺明星、缺“颜值”、缺话题的动画片不能吸引观众走进电影院。一时兴起，他在朋友圈发了一条消息为《大圣归来》的宣传发行经费进行众筹。寥寥数语只是说明了这是一部动画片，预计2015年春节上映。另外，作为出品人的他保底分红。

令路伟没有想到的是，从上午11点50分开始，到下午3点多，已经有70位多朋友加入了这个名为“西游电影众筹”的微信群里。大家参与众筹的金额从一万元到数十万元不等，不到5小时的时间便筹集了500多万元。一个星期之后，《大圣归来》的众筹项目共筹集了780万元，有89名投资人参与。他们以个人名义直接入股《大圣归来》的领衔出品方“天空之城”，直接参与到这部投资合计约6000万元的电影项目中。

股权众筹的机制让这89名投资人深度参与到了这部电影的宣传发行过程中，每一天大家都在群里出谋划策、贡献资源。他们成为了电影的第一批“铁粉”，不仅在电影上映初期包了200多场，还充分调动各自的资源为电影推广出力。

在路伟看来，这批众筹出品人带领《大圣归来》走出了最艰难的第一步，成就了营销口碑的起点。据报道：“北京三里屯、上海人民广场地铁口的广告位，甚至远在新疆喀什最大的一块户外屏都是投资人无偿贡献出来的。”

据路伟介绍，剔除1.5亿元的成本（收回6000万元成本对应的票房收入）、3%的税、5%的电影产业基金以及发行费用等，投资这部电影的收益率为33%～37%。这个利润收入还要扣除院线和制片方的分成，众筹出品人大约可分得10%的利润。根据猫眼票房的统计，上映28天的《大圣归来》就收获了超过8亿元的票房收入。按照上述算法，这89名众筹出品人至少可以获得本息3000万元，投资回报率超过400%。

不仅如此，根据合同，在此次股权众筹项目中，投资人不仅可以获得票房分账收益，还将分享《大圣归来》未来的所有收益，包括游戏授权、新媒体视频授权、海外收入分账等带来的收入。股权众筹成为了《大圣归来》“逆袭”成败的转折点！

2. 想复制《大圣归来》是有条件的

《大圣归来》的成功不仅令中国动画业为之一振，也让更多的人看到了“电影+众筹”的巨大潜力：原来这样的组合不仅是一种营销手段，还可以成为一个收益不菲的商业模式。

事实上，《大圣归来》并非首部引入众筹概念的电影。此前已有阿里巴巴的“娱乐宝”、百度的“百发有戏”等与电影挂钩的产品，也有《十万个冷笑话》《大鱼海棠》等直接在众筹平台筹集资金的先例。其中，“娱乐宝”和“百发有戏”实则通过对接国华人寿和中信信托进而设计成了一个标准的理财产品，这样不仅打破了众筹在人数上的局限性，同时金融机构也帮投资人过滤了风险。相比之下，《十万个冷笑话》《大鱼海棠》与《大圣归来》的案例更接近，但它们采用的是奖励众筹的模式，即在项目完成后给予投资人一定形式的回馈，通常为项目完成后的产品或预售优先权等，并不能深度地参与到电影本身。

在金融业人士看来，缺少抵押物、风险难评估的电影产业一直是根难啃的骨头。以前述案例来看，尽管“百发有戏”一期对接的《黄金时代》大腕儿云集，但仍抵不住票房惨败的命运；而动画片《大鱼海棠》众筹结束过去两年却连上映时间都没有着落，甚至发布该项目的“点名时间”宣布转型不再做众筹了。

对于电影而言，众筹最理想的状态是在获得资金的同时获得未来的电影票，起码要对首周票房有帮助，那是一部电影成败的关键。股权众筹可以让用户离电影更近，两者间建立起强关系。

路伟认为，股权众筹本身还是一个金融产品，需要遵循金融产品的逻辑，首先要保证安全性，再谈收益性。从准备剧本到拍摄再到后期的宣传发行，电影的生产周期较长且不确定性较大，确实是一个潜在风险较大的投资标的。如果按照投资的逻辑来看，剧本阶段介入就是天使投资，立项之后介入就是风险投资，拍完之后的宣传发行阶段介入就像股权投资，其实每个阶段都可以介入众筹，但由于电影产业本身的特殊性，不能只考虑资金提供这个单一层面。

据路伟介绍，这个电影众筹的“生态链”有几个关键环节，在金融层面做一个收益和风险的分层，普通投资人可以参与优先级的股权认筹，同时设立2亿元规模的众筹基金；“而在运营层面，鉴于电影本身的特殊性，需要引入专业的项目管理公司来做基金的受托方”。在他看来，从电影本身的内容把控、项目运作、市场推广，再到金融产品的设计环环相扣，缺一不可。

百事手机：大跌眼镜的众筹项目

2015年11月，头顶“百事”品牌的手机众筹项目正式登录某股权众筹平台，目标金额是300万元，但截至项目众筹的最后期限，也未能完成众筹金额，仅获得实际筹款金额130多万元，最终宣告众筹失败。耐人寻味的是，百事手机众筹项目获得1万多个赞和3000多人的关注度，真正的投资人却寥寥无几，成为2015年最大跌眼镜的股权众筹项目。

为何在知名度就是效益的商业社会，百事手机却惨遭用户遗弃？创业者从这件事中应悟出什么道理？在企业日常宣传中除了注重扩散品牌、提高知名度外，提高消费的转化率更应该注意什么？

1. “百年老店”百事金字招牌缘何失效

提起“百事”两个字几乎无人不知，就算是从不喝碳酸饮料的老人，也早被超市、商场甚至家中冰箱里的百事可乐“洗脑”。百事可乐从成立之初到现在已发展100多年，行销几乎全球每个国家。在我国百事可乐销量占到碳酸饮料市场的四成左右，同可口可乐一起几乎霸占了中国碳酸饮料整个市场。但就是如此强大的金字招牌，挂着“百事”两字的百事手机却折戟沉沙，几乎无法完成区区300万元的众筹目标。

这让人十分费解，而且早在数月前，百事手机就做足了话题营销，代工的企业深圳玩疯科技有限公司曾注册“百事手机”新浪微博账号，公布百事可乐做手机的消息，吸引了媒体和业内人士的广泛关注，最后百事可乐中国公司也给予外界正式回复。百事可乐中国公司回应全文：“百事可乐与一个特许合作伙伴正在计划于未来几个月内向中国市场推出手机及配件。此项工作仅限于在中国市场，与百事可乐近期在全球发布的特许经营的产品相似，包括服装及饰物。”文中“特许合作伙伴”指的就是上文的深圳玩疯科技有限公司。

从百事手机制作话题营销到后来百事可乐中国公司回应可看出：首先，百事可乐为百事手机品牌背书的意愿几乎没有。其次，可推测百事手机做话题营销，引导舆论眼球关注到百事出手机事件上来并未得到百事可乐首肯，否则也不会有百事可乐中国公司暗示划清界限的回应。最后，深圳玩疯科技虽然花了大价钱（具体价格未透露，但授权费应该高得吓人）招来百事手机这块金字招牌，却并不懂营销，刚一出手就得罪了百事可乐一方，搞得对方紧急与其划清界限，随后舆论失控，媒体集体发布百事手机为贴牌机相关消息。

这三方面因素，让本来占尽优势的百事手机陷入极端的被动，至今主流媒体曝光百事手机仍然以对待“山寨机”口吻报道。丧失百事可乐品牌背书后，百事手机几乎就放弃了宣传，时机流逝，最终沦落众筹300万元而不得的落魄境地。

2. 创业者除了追逐品牌知名度更该做什么

百事手机坐拥百事可乐几乎无人不知、无人不晓的品牌影响力，竟然落得个媒体频繁唱衰、用户几乎不买账的境地。这种结果除了智能手机产品在消费者心中功能性是其品牌的重要组成部分、单纯的“知名”并非构建智能手机品牌的绝对因素外，更重要的是百事手机代工企业落后甚至“帮倒忙”的品牌宣传思路所致，急于求成并在未谈妥的情况下，私自拿百事可乐品牌“开涮”。虽然一时提高了知名度，却惹得品牌方不满，换来一纸划清界限的回应后，又无品牌公关意识，导致如今悲惨的境地。

从这件事上创业者应该清楚一个问题，在注重品牌文化的现代商业社会，单纯地追捧出名已经落后于时代，灌输品牌文化、用价值观吸引用户才是正途。一个品牌和其产品只有文化内涵上有共通之处，才会产生品牌促进产品销量的化学反应。如果企业推出与品牌文化无关的产品，往往并不能带来“1+1＞2”的效果。这也是为何顶尖的科技企业推出不同服务的时候都会选择多品牌战略，宁可多花些钱打造不同的品牌，也不是一张金字招牌随处乱用。

因为除了知名度，一款产品或服务更应该被人记住的是文化和价值观。例如，苹果电子产品中的艺术品形象，让其多点开花，推出MacBook、Mac、iPod、iPhone、iPad及Apple TV，这些产品同苹果品牌文化相互促进。除了品牌价值反哺产品，产品的品质也在强化品牌价值。这是品牌和产品或服务相互促进的最好例子，而科技巨头也有反面案例，例如曾经是科技企业顶尖代表的微软，IE浏览器的失败及Windows Phone系统的乏力，对微软品牌的伤害极大。虽然在科技含量上，微软的实力未必落后苹果、谷歌等新兴科技巨头，在形象上却因品牌被持续弱化而遭受影响。

以百事手机事件来讲，创业者除了注意比品牌知名度更重要的是文化和价值观以外，在出产品时也要注意，品牌旗下的任何产品都是其重要的组成部分。百事可乐中国公司虽然收了对方费用，仍然要同百事手机划清界限的原因，就是防止品牌受未知的百事手机的伤害。所以，当创业者打造一个好的品牌时一定要注意产品与品牌的互补性，虽然打造一个新品牌所花费的金钱和精力让人心有余悸，大部分创业者如小米，会把品牌付诸繁多的产品线来促进短期销量，这种做法无疑是杀鸡取卵。

3. 挂靠品牌如何让知名度换成美誉度

其实类似品牌授权的情况在国外很普遍，比如很多大型百货公司自己本身无法生产产品，而授权其他企业产出产品，俗称OEM，并在其平台上售卖。当然百事手机的合作更简单，百事可乐中国公司只是授权品牌使用权，但并不参与其他合作。这种方式又称品牌许可，是指授权者将自己所拥有或代理的商标或品牌等以合同的形式授予被授权者使用，被授权者按合同规定从事经营活动（通常是生产、销售某种产品或者提供某种服务），并向授权者支付相应的费用——权利金。

首先，最适合做的事是不挑明品牌授权事实。品牌授权自有品牌授权的好处，比如对于一些用户来说对某些品牌情感较好，一般看到品牌产品都会下意识地买来使用，即使知道是品牌授权产品，一般也不会讨厌，毕竟品牌授权产品也是品牌旗下的一部分。互不挑明是一种微妙的关系，如果刻意去宣扬贴牌往往会使消费者产生逆反心理。毕竟，中文语境里“贴牌”并不是特别荣耀的词。百事手机错就错在急于求名，未获得品牌方许可，擅自话题营销，结果是知名度打出来却毁了美誉度。

其次，包装产品或服务同品牌文化和价值观同步，也就是说即使品牌授权事实被“捅”出来，也要有好的应对策略。毕竟品牌授权是合法的，也是品牌方的官方行为，所以在被媒体爆料品牌授权事实后，不要消极应对，更不能被动，应主动亮出自身产品和服务同品牌方的共性。这样可以很快获得消费者认可，只要不是造假，品牌方也乐意见到授权企业做这方面的努力。

最后，推动品牌授权产品与品牌方主打产品的互动，以国外大型百货公司会合作OEM产品定期做促销活动为例，这些互动行为会让双方文化价值互相输出，以品牌方的美誉度带动产品的美誉度提升。比如百事手机未来可与百事可乐联合推出一些活动，这些活动可以向外传递好的信息，培育品牌授权产品美誉度。百事手机的悲惨遭遇值得同情，但所犯的错误更值得创业者引以为戒。

果树财富债权众筹平台：给自己做股权众筹

100分钟，60人，1085万元！投友圈第一个众筹项目果树财富A轮融资1小时40分钟已经超额募集。截至2015年5月11日下午2时，即项目上线4个小时之后，果树财富A轮认购完成1500万元，原定目标为1000万元，超出500万元。事实上，果树财富天使轮股东，股权众筹投资均获得600%的回报，这也证明了果树财富股权众筹项目的优质程度。在我国股权众筹市场中，所缺乏的并非是资金来源，而往往是具有高品质的项目，果树财富就是其中的佼佼者。

1. 果树财富金融分析

果树财富成立于2014年5月20日，是全球首家众筹成立的P2P网贷平台，31位股东均为P2P行业资深投资人士，他们成立果树财富的初衷就是为了打造一家真正属于“投资人自己的网贷平台”。自上线以来果树财富一直坚持稳健发展，平台所发理财项目均为经过严格风险控制的优质借款项目，最大限度地保障投资人资金安全，同时，果树财富的股东、运营团队为了共同的梦想汇聚到一起，朝着共同的目标团结奋进，为引领全球互联网金融行业发展而不懈努力。正是因为平台稳健的发展和优质的投资体验，让果树财富在上线将近一年的时间内虽营销成本趋近于零，但依靠良好的口碑仍收获了4700名优质投资人，累积成交额达7000万元，为小微企业及个人成功融资800人次，满标速度一直在行业中名列前茅。

除了在投资人当中拥有良好的口碑，果树财富本轮融资之所以能够在如此短的时间内实现超额完成目标，更重要的还在于此前投资人都只是被动地接受平台公布的各项数据和发布的项目，却无法判别这些数据和项目的真实性；而通过参与融资成为平台股东，投资人就获得了监督平台更详细、真实的运营状况的权利，有权参与平台大方向的运营决策甚至高层管理者的任免，如此，不仅进一步保障了参与平台投资的所有投资人的资金安全，同时，也将有力推动网贷行业阳光化、规范化发展进程，让所有行业参与人员共享互联网金融发展的成果。

通过对果树财富金融的分析可以看出，在网贷大爆发的趋势之下，定位于小而美，深耕于细分市场，充分发挥互联网属性的优势，虽然P2P网贷的本质是民间借贷，但是在投资获客、品牌建设等方面必须利用互联网的属性来定位，而大部分平台只是把金融互联网化，让互联网单纯地作为线上投资的渠道，而缺乏对互联网的深入思考，对产品设计、应用场景、客户体验、流量导入等都缺乏认识。

2. 果树财富是如何做到的

当前P2P行业，乱象纷杂，能够进行股权众筹并且成功的平台，却寥寥无几。果树财富A轮认购完成1500万元又是如何做到的？简单来说有这么几点：第一，果树财富作为一流P2P平台，在投资圈中享有不错的口碑，其推出的产品也广受好评，这是最根本的。第二，果树财富的股权众筹方案，科学并且详细，能够很好地将种子用户与股东的资源充分运用起来，A轮融资前期做了大量的工作，能够取得成功是有其道理的。第三，果树财富经过一年的发展，其主力产品车贷在全国进行战略布局，已成功开设6家分公司，业务分布四省一市，发展势头迅猛。

谈及此次融资，果树财富CEO吴复申说到："本轮融资之所以继续采用众筹方式，最核心的出发点在于果树财富本身就是由投资人众筹成立的，初衷就是想打造一家投资人自己的网贷平台。在平台发展过程中，31位股东也都曾提出过不少好的建议，所以我们想继续延续这样一个股权结构，即所有股东都是投资人，从而确保平台的所有经营决策都是站在投资人的角度去制定和落实的。此外，通过众筹模式进行融资能够为平台迅速培养和积累忠实用户群体，让平台种子用户在最短时间内达到一定规模，有利于平台口碑传播。”

果树财富采用股权众筹的方式完成A轮融资，在P2P网贷行业具有重大意义，让投资人由单纯的被动地位变成主导地位，这也正符合了果树财富的定位——做投资人自己的平台。那么利用股权众筹的方式完成A轮融资给我们带来怎样的思考呢?

门槛的降低，提高了投资人参与的热情，再者对于P2P网贷的投资人而言，他们已经具有一定的风险意识，由债权众筹向股权众筹转化更容易接受，再者股权众筹能解决很多债权众筹解决不了的问题，更容易引发向全民天使投资人过渡。

京东众筹：“领投+跟投”模式

在2015年第一季度的最后一天，京东股权众筹终于正式上线，名称为“做东”。京东股权众筹采取“领投+跟投”的模式。京东股权众筹的主旨在解决创新创业企业融资难的问题，其次在法律环境允许下，帮助更多人获得风险投资收益。股权众筹分为私募和公募，京东目前做的是私募，京东股权众筹采取“领投+跟投”的模式，是指在众筹过程中由一个有丰富经验的专业投资人作为领投人，众多跟投人选择跟投。

“领投+跟投”模式在众多中国股权众筹平台的探索和经营中，出现了一些新的趋势和特征。2015上半年股权众筹行业报告显示，众筹融资额前20位的平台中，有17家采用了“领投+跟投”模式。除少数垂直领域的众筹平台外，“领投+跟投”模式已经成为股权众筹平台运作项目的标配模式。

1. 股权众筹的“领投+跟投”

“领投+跟投”模式发端于美国的股权众筹平台AngelList中。AngelList把这种创新性的模式称之为Syndicat，可以翻译为“联合投资体”。AngelList的“领投+跟投”中，投资者可以跟着某个知名的投资人一起投资。普通投资人作为跟投人，选择跟随某个领投人并组成联合投资体，共同向领投人发掘出来的投资项目投资。领投人负责找项目，进行投资后管理，并在投资收益中获得一部分提成作为其回报。

AngelList平台上的跟投人并不是直接投资和持有创业企业的股权。AngelList通常会为某个具体的投资项目专门组成一个联合投资的持股平台公司，跟投人把钱投入这个持股平台，再由持股平台向创业企业投资。AngelList旗下的管理公司负责持股平台的具体事务。持股平台按照领投人的指示向创业企业投资，按照领投人的指示在创业企业股东会中行使表决权，并按照领投人的指示买入和卖出创业企业股份。

AngelList股权众筹“领投+跟投”的核心，并非创业企业直接向众筹投资人融资，而是领投人为具体的项目向跟投人募集资金。融资的核心主体不是企业，而是领投人。

通常风险投资的运作有两个阶段：第一阶段是投资人向特定的风投基金投资，第二阶段是风投基金向企业投资。风投基金是企业与投资人的中介环节；而“领投+跟投”，并不是要消灭这种中介环节，而是让这个中介环节可以更加碎片化。

“领投+跟投”因此可以算作迷你版的风投基金VC（Venture Capital），领投人也类似于VC中的基金管理人。VC的基金管理人需要事先融一大笔资金，放到风投基金中，然后再投到大量的项目中，并采取投资组合的方式。在股权众筹中，领投人在发现投资项目后，才开始只针对这个具体的项目募集资金，集合到跟投人之后，共同投到创业企业。换言之，风险投资的投融资是“批发”，批量融钱、批量投资；股权众筹“领投+跟投”的投融资则像是“零售”，单为一个个项目专门融资。

正因为“领投+跟投”中仍然有领投人这个中介环节，所以企业不需要自己直接面对“众多”的投资人。投资人也不会掺和到投资决策和投后管理中去，这些专业工作仍由领投人这个专业人士来完成。因此，“领投+跟投”受到不少股权众筹平台的青睐，除了京东股权众筹，天使汇等平台也早就开始尝试这一做法。

2. “领投+跟投”联合投资的优势

“领投+跟投”联合投资的优势体现在以下几个方面：

（1）领投人的优势

领投人可以通过这种方式撬动众多跟投人的资金，还能额外获得投资收益的分成。通常情况下，领投人通过联合投资可以撬动的资金，是他自己投入资金的5～10倍。这使领投人得以参与投资和领投更多的项目，包括参与那些投资金额门槛较高的项目。此外，领投人汇集更多的资金去投资，也有利于领投人代表所有投资人在投资项目中争取更多的权利。除了投资中的好处，通过联合投资，领投人还可以借机融入跟投人的社会关系，这些社会关系将为领投人及其投资项目带来更多的附加价值。

某人如果想在众筹平台AngelList中成为领投人，可以在AngelList上创建一个联合投资体，公布自己的一些基本信息。这些信息包括领投人准备每年投资多少个项目，通常的投资规模多大，等等。

领投人需要为每一个投资项目做书面的投资分析，并且披露其与投资项目之间是否存在利益冲突（比如领投人之前在投资项目里是否占有了股权）。领投人本人一般也要在其组织的联合投资项目中投入一大笔资金。此外，领投人还需要考察其每笔投资里跟投人的情况。领投人也需要接受联合投资体里跟投人的询问，不过，如前文所述，跟投人的知情权一般是有限度的。

众筹平台里，经过认证的任何投资人都可以申请成为某领投人联合投资体的成员，领投人有权决定是否接纳其作为跟投人。领投人也有权在任何时候把某跟投人从联合投资体里清除出去。

AngelList建议领投人选择跟投人时，应当选择有经验的投资人，或者其信任的或愿意一起合作的投资人。有经验的跟投人，通常不会忽然撤出联合投资体或者撤出某个具体投资项目。没有经验的跟投人，则可能会对投资回报有不切合实际的期望值。在为某个具体项目组织联合投资时，领投人可以选择只接纳他的跟投人参与合投，拒绝其他普通投资人的参与。

领投人可以是个人，也可以是VC。如果VC的投资人LP们同意VC在众筹中作领投人，那么VC作为领投人的收益提成，就会作为VC的投资回报分给VC的投资人和管理人。

大部分领投人用他们自己的名字来命名联合投资体。如果领投人代表的是某个机构，或者关注于某个投资领域，也可以用机构或投资领域来命名。众筹平台AngelList要求联合投资体的名字最好能清晰地让人知道谁是领投人。

不过，领投人的资金并不纳入跟投人组成的持股平台。领投人以自己的名义直接投资到创业企业，跟投人则通过为具体投资项目设立的持股平台向创业企业投资。

如果某个著名的天使投资人打算作领投人，他可以在AngelList组建一个联合投资体。比如，跟投人加入他的联合投资体后，在他的每个项目里投入20万美元，并且让他在投资收益里享有15%的提成。如果投资的创业企业成功实现了退出，在退出的收益里，领投人可以有15%的分成。

在VC投资里，VC基金管理人的收益提成，是按照投资组合的整体收益来提取的。因此，某些投资项目实现退出变现后，要冲抵失败项目的损失，然后才是给管理人的提成。在股权众筹“领投+跟投”里，领投人是按每个具体的投资项目的收益计算收益提成。VC收取的提成和管理费通常比领投人收取的提成要高得多，所以投资人在股权众筹中跟投，比把钱投到VC成本通常会低一些。不仅如此，股权众筹中，跟投人还可以灵活地选择希望加入的联合投资体，灵活地选择他希望投资的公司，这是他把钱放到VC里所实现不了的。

（2）跟投人的优势

“领投+跟投”模式可以让跟投人参与领投人组织的联合投资体。跟投人在每个投资项目中只需要投资一小笔资金，就可以借助联合投资体，充分利用领投人在挑选投资项目和投资后管理上的丰富经验。

当领投人准备参与投资一个创业企业时，会向他的跟投人发出通知，跟投人有权利选择是否退出这个项目的投资。领投人也会向跟投人解释该笔投资的合理性，并披露潜在的利益冲突，然后由跟投人最终决定是否投资并支付投资款。跟投人同意参与领投人关于某个项目的联合投资后，将会与领投人达成协议。

跟投人可以在任何时候决定退出领投人的联合投资体，但是跟投人已经参与的联合投资项目则依然保持原状。跟投人也可以退出某个具体的投资项目，不过如果跟投人总是退出领投人的联合投资项目，可能会被领投人清除出联合投资体。

当创业企业遇到退出的机会时，领投人会建议跟投人组成的联合投资体出售其股份，获取投资回报。例如，如果企业上市了，由领投人来决定何时出售联合投资体的股权；如果公司被现金并购了，领投人则把收益分配给联合投资体；如果发生其他可能退出的情况，领投人将视情形建议联合投资体何时出售股份。联合投资体只能在这些特定情况下出售其股份。

跟投人可以紧盯某个领投人，参与投资该领投人组织的所有联合投资项目。跟投人也可以在某些项目上暂时退出，但是有的领投人也会明确要求，其跟投人最好持续跟投其组织的每个联合投资项目。

在特定的投资项目中，跟投人可以以更高的投资额投资，也可以降低投资额，或者退出这个项目的投资；但是如果跟投人经常降低其投资金额，或者经常退出投资项目，领投人有可能把这个跟投人清除出去。

投资人向创业企业投资，既可以作为跟投人，跟随领投人去投资，也可以把钱投入到风险投资基金VC，由VC去投资；但是，股权众筹“领投+跟投”的联合投资，不会取代风险投资基金，只是VC的一种补充。二者的区别体现在：第一，股权众筹单个投资人的资金量不大，只能投资一个个具体项目，不能像VC那样投资大量的项目，通过投资组合获得收益。第二，VC在募集资金时，对LP投资人的最低投资金额要求通常比较高。投资人如果参与股权众筹的跟投，单个项目的最低投资金额就要低得多，投资人参与创业投资的门槛相应降低了。第三，在股权众筹中投资人可以随时决定不跟投，但是VC的投资人一旦把资金投入到VC里，很难提前撤出来。第四，领投人在投资中更个人化一些。相比之下，VC的基金管理人通常都是机构。

（3）企业的优势

“领投+跟投”对创业企业也有好处。创业企业不需要一一面对每个跟投人，不会陷入投资人众多的纠缠和麻烦中去。它只需要应对一个领投的投资人，就可以获得超出领投人投资金额5～10倍的投资额，还能获得跟投人在社会关系上对企业的帮助。

在股权众筹“领投+跟投”的联合投资中，创业企业不需要面对数不胜数的股权众筹投资人。众筹投资人作为跟投人，先把资金投入到持股平台，再由持股平台投资到创业企业；而持股平台，则是由领投人来指挥的，由领投人指示持股平台做出决策、签署文件。所以，对于创业企业来说，它面对的只是作为整体的一个联合投资体而已。

比如，领投人与创业企业签订的投资协议和持股平台与创业企业签订的投资协议，通常是一样的。因此，当持股平台向创业企业投资的时候，创业企业只需要与领投人谈判就可以了。

当然，创业企业可以选择是否与跟投人保持紧密的沟通。联合投资完成交割后，创业企业可以向投资人展示更丰富的企业信息，也可以向投资人每月汇报。向投资人及时汇报的好处是，可以利用投资人的资源，帮助企业招聘或者拓展业务。当然，是否与投资人保持联系，取决于企业的创始人。创业企业并不需要把敏感的或者保密的信息都披露给跟投人。

（4）其他方面的情况

第一，在信息披露方面。创业企业信息的披露范围由领投人自行决定。领投人可以决定哪些信息披露给跟投人，哪些信息披露给股权众筹平台，哪些信息可以披露给公众。在决定哪些信息需要披露出去的时候，领投人和企业创始人需要考虑到，其信息披露的程度是否足以帮助他们吸引到跟投人参与投资。

在“领投+跟投”的联合投资中，跟投人通常不会掌握投资项目的全部详细信息。当然，如果跟投人直接向创业企业投资，就可以从创业企业那里了解更多的信息，不过前提是创业企业同意接受其直接投资。

在“领投+跟投”模式中，跟投人通常可以从股权众筹平台和领投人那里了解到下述信息：持股平台的设立文件；如果创业企业同意，跟投人还可以了解投资协议的通用条款，以及持股平台与创业企业签署的交易文件范本；创业企业的相关信息，这些信息的详细程度通常与传统

VC向其投资人LP披露的信息详细程度差不多；跟投人可能涉及的税费情况。

第二，在成本方面。对于创业企业，通常不需要支付额外的成本。对于跟投人来说，通常需要把投资收益中的5%～20%作为提成给领投人，把5%提成给众筹平台AngelList。跟投人还需要共同承担正常的税费，比如政府收费、审计费等。不过，跟投人获得实际的投资回报后，才需要向领投人和众筹平台支付他们的提成。

（5）对现实情况的适应

《私募股权众筹融资管理办法（试行）（征求意见稿）》（以下简称《管理办法》）明确规定，股权众筹平台不得对众筹项目提供对外担保或进行股权代持，不得通过本机构互联网平台为自身或关联方融资。也就是说，股权众筹平台只能作为融资中介，而不能直接参与融资过程并且提供类似Wefounder那样的投后管理服务。

另一方面，中国资本市场发展时间短，广大中小投资者并不具备较强的投资经验和投资理念，若直接通过自身判断项目来进行天使投资，风险较高。合投模式则较好地克服了这些缺陷，尤其是通过领投人判断和挑选项目降低了跟投人的投资风险，以领投人为责任主体的投后管理机制也避免了法规对平台方的限制。因此合投模式较符合我国的现实情况。

淘宝众筹：连接创新与消费者

淘宝众筹平台是一个协助投资者发起创意、梦想的平台，不论你是淘宝卖家、买家，还是学生、白领、艺术家、明星，如果你有一个想完成的计划，如电影、音乐、动漫、设计、公益等，你可以在"淘星愿"

发起项目向大家展示你的计划，并邀请喜欢你的计划的人以资金支持你。如果你愿意帮助别人，支持别人的梦想，你可以在“淘星愿”浏览到各行各业的人发起的项目计划，也可以成为发起人的梦想合伙人，当你们一起见证项目成功后，你还会获得发起人感谢你支持的回报。

截至2015年3月，淘宝众筹一共收到了12000多个项目申请，平台筛选出其中877个项目上线筹款，参与人数超过100万人，累计金额过亿元。其中，排名第一的“造梦者恒氧净化机”筹款1205万元，27万人参与人数排名第一的是位于三亚的“爱情地标”项目。在智能硬件领域，淘宝众筹成功支持了“55° 杯”等明星项目，在硬件领域的呼声渐长。

尽管科技类项目融资额度在淘宝众筹已占90%的比例，但科技项目并不是它的全部类目。根据淘宝众筹业务负责人透露，淘宝众筹从“淘星愿”转型之后经历过一段时间摸索，最终确定五大重点类目：科技、设计、农业、工艺和娱乐。从此“一发不可收拾”，项目数量、筹资金额、支持人数直线上升，某些月份关键指标已经领先行业。当然，这与阿里巴巴本身的资源引力有着巨大的关系。阿里巴巴已是世界最大的电商平台，它拥有最多的商家，也拥有最大的用户基础。这些正是阿里巴巴吸引众筹项目发起人的地方，也导致了阿里巴巴与别的众筹平台最大的不同。

1. 实现众筹的平民化

美国的Kickstarter、中国曾经的“点名时间”和现在的众筹网“乐童网”，更多是某个领域内的游戏。比如点名时间做众筹时的主流支持者要么是科技领域人士，要么是经销商，鲜有“小白大众用户”。淘宝众筹的品类不只是科技，并且通过淘宝首页、手机淘宝焦点图方式，让普通用户接触到众筹这个新兴事物。

2. 发掘众筹的电商价值

曾几何时，众筹对于发起人的价值是募集资金、宣传曝光以及获取第一批种子用户。在我国它的价值更多是“宣传曝光”，因此不少项目通过刷单，或者将营销预算提前放到众筹阶段通过铺天盖地的广告吸引支持者。

淘宝众筹要做的则是成为创新者和创新商品进入淘宝的大门。对于淘宝的价值是从源头提升产品的创新性，实际就是C2B模式；对于商家的价值就是众筹与电商直接打通，要众筹必须先开淘宝C店，整个众筹平台与淘宝、天猫、阿里云资源对接，同时还可以验证市场潜力。淘宝众筹业务负责人透露：“因为淘宝众筹可以一定程度上证明产品的市场潜力，因此被投资者看重，淘宝众筹的500多个科技类项目中，已有20个估值过亿元，淘宝众筹除了筹钱还可以筹资。”

筹钱、筹资、筹人是手段，卖出去才是目的。正是因为定位不一样，淘宝众筹并不需要通过“刷数据”去博取噱头，淘宝每个领域都有专业人士审核项目，同时通过技术和管理手段过滤掉“批量支持”这类行为，确保众筹平台数据的真实性。

3. 实现了免费的众筹

众筹模式是平台帮助发起人募集资金，并且从中获取扣点。另外一些众筹平台会将广告位等营销资源拿出来售卖。Kickstarter没有推广位，但扣点比例较高。淘宝众筹对淘宝而言是让整个生态有更多创新因子，更多创新的服务和商品，而不是赢利，而且就算学习其他平台的模式赢利，恐怕在淘宝整个大盘中也是九牛一毛。淘宝众筹负责人透露：“淘宝众筹完全免费，不扣点，并且众筹期间营销资源同样是免费的。”当然，这种免费资源并不是轻易能够拿到，随着申请者增多，审核门槛只会越来越高。

在2014年淘宝众筹的道路并非一路顺畅，中间还有一段时间名字回到了“淘星愿”，让外界看不清淘宝对众筹的态度。现在看来淘宝众筹已经悄悄做起来了。淘宝众筹在深圳举办的面向硬件创业者的一个活动，参加的硬件创业者人数爆满，大家情绪激昂，都盼着借助这个平台进入大淘宝（淘宝+天猫+聚划算）的大门。一些原来在别的众筹平台融资效果不佳，甚至别的平台的明星项目，开始转投淘宝众筹。

2015年，淘宝众筹致力于重点扶持科技领域的创新产品以及创意设计产业。淘宝众筹负责人表示：“淘宝众筹并不排他，而是完全开放。”2014年淘宝众筹与“太火鸟”智能硬件孵化平台深度合作，这是视觉中国创始人雷海波二次创业的项目，孵化了“55° 杯”等爆款产品，已获得创新工场领投的数千万美元级的A轮投资。显而易见，“太火鸟”与淘宝众筹实现了双赢。除了“太火鸟”，一些垂直的众筹平台如众筹网、乐童网已在为淘宝众筹输出项目，未来淘宝众筹愿意与更多创新项目的孵化平台、资本等产业链深度合作，做开放的众筹平台。

附录

股权众筹管理办法（标准版）

中国证券业协会网站2014年12月18日公布了《私募股权众筹融资管理办法（试行）（征求意见稿）》。该征求意见稿就股权众筹监管的一系列问题进行了初步的界定，包括股权众筹非公开发行的性质、股权众筹平台的定位、投资者的界定和保护、融资者的义务等。

为拓展中小微企业直接融资渠道，促进创新创业和互联网金融健康发展，提升资本市场服务实体经济的能力，保护投资者合法权益，防范金融风险，中国证券业协会（以下简称证券业协会）起草了《私募股权众筹融资管理办法（试行）（征求意见稿）》（以下简称《管理办法》）。

《管理办法》明确规定股权众筹应当采取非公开发行方式，并通过一系列自律管理要求以满足《证券法》第十条对非公开发行的相关规定：一是投资者必须为特定对象，即经股权众筹平台核实的符合《管理办法》中规定条件的实名注册用户；二是投资者累计不得超过200人；三是股权众筹平台只能向实名注册用户推荐项目信息，股权众筹平台和融资者均不得进行公开宣传、推介或劝诱。

“征求意见稿”指出，众筹项目不限定投融资额度，充分体现风险自担，平台的准入条件较为宽松，实行事后备案管理。

原文如下：

私募股权众筹融资管理办法（试行）

（征求意见稿）

第一章 总则

第一条 【宗旨】为规范私募股权众筹融资业务，保护投资者合法权益，促进私募股权众筹行业健康发展，防范金融风险，根据《证券法》、《公司法》、《关于进一步促进资本市场健康发展的若干意见》（国发［2014］17号）等法律法规和部门规章，制定本办法。

第二条 【适用范围】本办法所称私募股权众筹融资是指融资者通过股权众筹融资互联网平台（以下简称股权众筹平台）以非公开发行方式进行的股权融资活动。

第三条 【基本原则】私募股权众筹融资应当遵循诚实、守信、自愿、公平的原则，保护投资者合法权益，尊重融资者知识产权，不得损害国家利益和社会公共利益。

第四条 【管理机制安排】中国证券业协会（以下简称证券业协会）依照有关法律法规及本办法对股权众筹融资行业进行自律管理。证券业协会委托中证资本市场监测中心有限责任公司（以下简称市场监测中心）对股权众筹融资业务备案和后续监测进行日常管理。

第二章 股权众筹平台

第五条 【平台定义】股权众筹平台是指通过互联网平台（互联网网站或其他类似电子媒介）为股权众筹投融资双方提供信息发布、需求对接、协助资金划转等相关服务的中介机构。

第六条 【备案登记】股权众筹平台应当在证券业协会备案登记，并申请成为证券业协会会员。

证券业协会为股权众筹平台办理备案登记不构成对股权众筹平台内控水平、持续合规情况的认可，不作为对客户资金安全的保证。

第七条 【平台准入】股权众筹平台应当具备下列条件：

（一）在中华人民共和国境内依法设立的公司或合伙企业；

（二）净资产不低于500万元人民币；

（三）有与开展私募股权众筹融资相适应的专业人员，具有3年以上金融或者信息技术行业从业经历的高级管理人员不少于2人；

（四）有合法的互联网平台及其他技术设施；

（五）有完善的业务管理制度；

（六）证券业协会规定的其他条件。

第八条 【平台职责】股权众筹平台应当履行下列职责：

（一）勤勉尽责，督促投融资双方依法合规开展众筹融资活动、履行约定义务；

（二）对投融资双方进行实名认证，对用户信息的真实性进行必要审核；

（三）对融资项目的合法性进行必要审核；

（四）采取措施防范欺诈行为，发现欺诈行为或其他损害投资者利益的情形，及时公告并终止相关众筹活动；

（五）对募集期资金设立专户管理，证券业协会另有规定的，从其规定；

（六）对投融资双方的信息、融资记录及投资者适当性管理等信息及其他相关资料进行妥善保管，保管期限不得少于10年；

（七）持续开展众筹融资知识普及和风险教育活动，并与投资者签订投资风险揭示书，确保投资者充分知悉投资风险；

（八）按照证券业协会的要求报送股权众筹融资业务信息；

（九）保守商业秘密和客户隐私，非因法定原因不得泄露融资者和投资者相关信息；

（十）配合相关部门开展反洗钱工作；

（十一）证券业协会规定的其他职责。

第九条 【禁止行为】股权众筹平台不得有下列行为：

（一）通过本机构互联网平台为自身或关联方融资；

（二）对众筹项目提供对外担保或进行股权代持；

（三）提供股权或其他形式的有价证券的转让服务；

（四）利用平台自身优势获取投资机会或误导投资者；

（五）向非实名注册用户宣传或推介融资项目；

（六）从事证券承销、投资顾问、资产管理等证券经营机构业务，具有相关业务资格的证券经营机构除外；

（七）兼营个体网络借贷（即P2P网络借贷）或网络小额贷款业务；

（八）采用恶意诋毁、贬损同行等不正当竞争手段；

（九）法律法规和证券业协会规定禁止的其他行为。

第三章 融资者与投资者

第十条 【实名注册】融资者和投资者应当为股权众筹平台核实的实名注册用户。

第十一条 【融资者范围及职责】融资者应当为中小微企业或其发起人，并履行下列职责：

（一）向股权众筹平台提供真实、准确和完整的用户信息；

（二）保证融资项目真实、合法；

（三）发布真实、准确的融资信息；

（四）按约定向投资者如实报告影响或可能影响投资者权益的重大信息；

（五）证券业协会规定和融资协议约定的其他职责。

第十二条 【发行方式及范围】融资者不得公开或采用变相公开方式发行证券，不得向不特定对象发行证券。融资完成后，融资者或融资者发起设立的融资企业的股东人数累计不得超过200人。法律法规另有规定的，从其规定。

第十三条 【禁止行为】融资者不得有下列行为：

（一）欺诈发行；

（二）向投资者承诺投资本金不受损失或者承诺最低收益；

（三）同一时间通过两个或两个以上的股权众筹平台就同一融资项目进行融资，在股权众筹平台以外的公开场所发布融资信息；

（四）法律法规和证券业协会规定禁止的其他行为。

第十四条 【投资者范围】私募股权众筹融资的投资者是指符合下列条件之一的单位或个人：

（一）《私募投资基金监督管理暂行办法》规定的合格投资者。

（二）投资单个融资项目的最低金额不低于100万元人民币的单位或个人。

（三）社会保障基金、企业年金等养老基金，慈善基金等社会公益基金，以及依法设立并在中国证券投资基金业协会备案的投资计划。

（四）净资产不低于1000万元人民币的单位。

（五）金融资产不低于300万元人民币或最近三年个人年均收入不低于50万元人民币的个人。上述个人除能提供相关财产、收入证明外，还应当能辨识、判断和承担相应投资风险。

本项所称金融资产包括银行存款、股票、债券、基金份额、资产管理计划、银行理财产品、信托计划、保险产品、期货权益等。

（六）证券业协会规定的其他投资者。

第十五条 【投资者职责】投资者应当履行下列职责：

（一）向股权众筹平台提供真实、准确和完整的身份信息、财产、收入证明等信息；

（二）保证投资资金来源合法；

（三）主动了解众筹项目投资风险，并确认其具有相应的风险认知和承受能力；

（四）自行承担可能产生的投资损失；

（五）证券业协会规定和融资协议约定的其他职责。

第四章　备案登记

第十六条　【备案文件】股权众筹平台应当在设立后5个工作日内向证券业协会申请备案，并报送下列文件：

（一）股权众筹平台备案申请表；

（二）营业执照复印件；

（三）最近一期经审计的财务报告或验资报告；

（四）互联网平台的ICP备案证明复印件；

（五）股权众筹平台的组织架构、人员配置及专业人员资质证明；

（六）股权众筹平台的业务管理制度；

（七）股权众筹平台关于投资者保护、资金监督、信息安全、防范欺诈和利益冲突、风险管理及投资者纠纷处理等内部控制制度；

（八）证券业协会要求的其他材料。

第十七条　【相关文件要求】股权众筹平台应当保证申请备案所提供文件和信息的真实性、准确性和完整性。

第十八条　【核查方式】证券业协会可以通过约谈股权众筹平台高级管理人员、专家评审、现场检查等方式对备案材料进行核查。

第十九条　【备案受理】股权众筹平台提供的备案申请材料完备的，证券业协会收齐材料后受理。备案申请材料不完备或不符合规定的，股权众筹平台应当根据证券业协会的要求及时补正。

申请备案期间，备案事项发生重大变化的，股权众筹平台应当及时告知证券业协会并申请变更备案内容。

第二十条　【备案确认】对于开展私募股权众筹业务的备案申请，经审查符合规定的，证券业协会自受理之日起20个工作日内予以备案确认。

第二十一条　【备案注销】经备案后的股权众筹平台依法解散、被依法撤销或者被依法宣告破产的，证券业协会注销股权众筹平台备案。

第五章　信息报送

第二十二条　【报送融资计划书】股权众筹平台应当在众筹项目自发布融资计划书之日起5个工作日内将融资计划书报市场监测中心备案。

第二十三条　【年报备查】股权众筹平台应当于每年4月30日之前完成上一年度的年度报告及年报鉴证报告，原件留档备查。

第二十四条　【信息报送范围】股权众筹平台发生下列情形的，应当在5个工作日内向证券业协会报告：

（一）备案事项发生变更；

（二）股权众筹平台不再提供私募股权众筹融资服务；

（三）股权众筹平台因经营不善等原因出现重大经营风险；

（四）股权众筹平台或高级管理人员存在重大违法违规行为；

（五）股权众筹平台因违规经营行为被起诉，包括：涉嫌违反境内外证券、保险、期货、商品、财务或投资相关法律法规等行为；

（六）股权众筹平台因商业欺诈行为被起诉，包括：错误保证、有误的报告、伪造、欺诈、错误处置资金和证券等行为；

（七）股权众筹平台内部人员违反境内外证券、保险、期货、商品、财务或投资相关法律法规行为；

（八）证券业协会规定的其他情形。

第六章　自律管理

第二十五条　【备案管理信息系统】市场监测中心应当建立备案管理信息系统，记录包括但不限于融资者及其主要管理人员、股权众筹平台及其从业人员从事股权众筹融资活动的信息。备案管理信息系统应当加入中国证监会中央监管信息平台，股权众筹相关数据与中国证监会及其派出机构、证券业协会共享。

第二十六条 【自律检查与惩戒】证券业协会对股权众筹平台开展自律检查，对违反自律规则的单位和个人实施惩戒措施，相关单位和个人应当予以配合。

第二十七条 【自律管理措施与纪律处分】股权众筹平台及其从业人员违反本办法和相关自律规则的，证券业协会视情节轻重对其采取谈话提醒、警示、责令所在机构给予处理、责令整改等自律管理措施，以及行业内通报批评、公开谴责、暂停执业、取消会员资格等纪律处分，同时将采取自律管理措施或纪律处分的相关信息抄报中国证监会。涉嫌违法违规的，由证券业协会移交中国证监会及其他有权机构依法查处。

第七章 附则

第二十八条 【证券经营机构开展众筹业务】证券经营机构开展私募股权众筹融资业务的，应当在业务开展后5个工作日内向证券业协会报备。

第二十九条 本办法自 年 月 日起实施，由证券业协会负责解释和修订。

深度研究　只做精品

“新时代企业成长书架”系列书

互联网风暴来袭，新的商业模式随着互联网的浪潮孕育而生，传统的企业管理与运营模式正在接受一场全新的洗礼与挑战。

基于当前企业管理运营中存在的疑点、难点、痛点，企业管理出版社与北京金师起点文化传媒携手国内经营管理的前沿讲师、学者及业内专家匠心打造了“新时代企业成长书架”系列书籍，包括“互联网+”产业升级书系、“互联网+”新商业模式书系、新资本时代书系、管理新思维书系、众创指南针书系等几大书系，并细分为资本运营、管理技能、市场营销、人力资源、生产管理、公司治理、创业之路、商业模式运营等多个选题出版方向。

“新时代企业成长书架”诚邀企业界、培训界及商界名流及专家学者加盟合作出版，共同打造出有料、有趣、有生命力的作品，惠及广大读者以及一线的经营管理者。